马克思主义简明读本

人类解放的追求

丛书主编：韩喜平
本书著者：王 淼

编 委 会：韩喜平　邵彦敏　吴宏政
　　　　　王为全　罗克全　张中国
　　　　　王 颖　石 英　里光年

吉林出版集团股份有限公司

图书在版编目（CIP）数据

人类解放的追求/王淼著.--长春:吉林出版集团股份有限公司，2013.9
（2019.2重印）
（马克思主义简明读本）

ISBN 978-7-5534-2584-9

Ⅰ.①人… Ⅱ.①王… Ⅲ.①马克思主义哲学—研究 Ⅳ.①B0-0

中国版本图书馆CIP数据核字(2013)第174656号

人类解放的追求
RENLEI JIEFANG DE ZHUIQIU

丛书主编：	韩喜平
本书著者：	王　淼
项目策划：	周海英　耿　宏
项目负责：	周海英　耿　宏　宫志伟
责任编辑：	矫黎晗
出　　版：	吉林出版集团股份有限公司
发　　行：	吉林出版集团社科图书有限公司
电　　话：	0431-86012746
印　　刷：	北京一鑫印务有限责任公司
开　　本：	710mm×960mm　1/16
字　　数：	100千字
印　　张：	12
版　　次：	2013年9月第1版
印　　次：	2019年2月第2次印刷
书　　号：	ISBN 978-7-5534-2584-9
定　　价：	29.70元

如发现印装质量问题，影响阅读，请与出版方联系调换。0431-86012746

序　言

习近平总书记指出，青年最富有朝气、最富有梦想，青年兴则国家兴，青年强则国家强。青年是民族的未来，"中国梦"是我们的，更是青年一代的，实现中华民族伟大复兴的"中国梦"需要依靠广大青年的不断努力。

要提高青年人的理论素养。理论是科学化、系统化、观念化的复杂知识体系，也是认识问题、分析问题、解决问题的思想方法和工作方法。青年正处于世界观、方法论形成的关键时期，特别是在知识爆炸、文化快餐消费盛行的今天，如果能够静下心来学习一点理论知识，对于提高他们分析问题、辨别是非的能力有着很大的帮助。

要提高青年人的政治理论素养。青年是祖国的未来，是社会主义的建设者和接班人。党的十八大报告指出，回首近代以来中国波澜壮阔的历史，展望中华民族充满希望的未来，我们得出一个坚定的结论——实现中华民族伟大复兴，必须坚定不移地走中国特色社会主义道路。要建立青年人对中国特色社会主义的道路自信、理论自信、制度自信，就必须要对他们进行马克思主义理论教育,特别是中国特色社会主义理论体系教育。

要提高青年人的创新能力。创新是推动民族进步和社会发展的不竭动力,培养青年人的创新能力是全社会的重要职责。但创新从来都是继承与发展的统一,它需要知识的积淀,需要理论素养的提升。马克思主义理论是人类社会最为重大的理论创新,系统地学习马克思主义理论有助于青年人创新能力的提升。

要培养青年人的远大志向。"一个民族只有拥有那些关注天空的人,这个民族才有希望。如果一个民族只是关心眼下脚下的事情,这个民族是没有未来的。"马克思主义是关注人类自由与解放的理论,是胸怀世界、关注人类的理论,青年人志存高远,奋发有为,应该学会用马克思主义理论武装自己,胸怀世界,关注人类。

正是基于以上几点考虑,我们编写了这套《马克思主义简明读本》系列丛书,以便更全面地展示马克思主义理论基础知识。希望青年朋友们通过学习,能够切实收到成效。

韩喜平

2013年8月

目　录

引　言 / 001

第一章　马克思对人类解放的毕生追求 / 003

第一节　马克思以前的人类解放追求 / 003

第二节　人类解放是马克思的毕生追求 / 010

第三节　实现人类解放的共产主义 / 026

第二章　资本主义社会中人的不幸境遇 / 044

第一节　资本主义制度的剥削本质 / 044

第二节　生产中人的不自由状态 / 054

第三节　资本统治下的异化消费 / 065

第四节　拜物教：资本统治在意识中的反映 / 073

第三章　追求人类解放的科学分析方法 / 097

第一节　历史唯物主义方法的运用 / 099

第二节　辩证法的运用 / 104

第四章　人类解放何以可能 / 112

第一节　资本主义的矛盾及其具体表现与后果 / 113

第二节　资本主义的发展为人的解放创造前提条件 / 125

第五章　中国共产党对人类解放理论的继承与发展 / 139

第一节　毛泽东对于人类解放的追求 / 139

第二节　中国改革开放时期的人类解放的追求 / 159

第三节　当代中国"人类解放追求"的实现程度与憧憬 / 182

引　言

在马克思的理论中，"人"可以说是他关注的中心主题。马克思把自己的一生都用来追求人类的幸福和解放，"为人类谋福利"（马克思语）是他毕生为之奋斗的事业。马克思的这种追求，是与他所身处的资本主义时代背景密切相关的。在当时的社会历史条件下，人们在资本主义制度的统治下，受到剥削和压迫，处于一种片面发展的状态，因而是没有自由可言的。因此，马克思在以《资本论》为代表的一系列政治经济学批判的著作中，对资本主义社会对人的压迫和束缚，进行了细致的研究和强烈的抨击与批判，具体深入地揭露了人在资本主义社会中的不幸生存境遇。并且在此基础上，马克思以唯物史观和辩证法作为分析资本主义的科学方法，论证了人类解放的主体力量、现实道路、物质基础等。马克思的这种对人类解放的追求，在中国得到了继承和发展。自中国共产党成立以来，一直以马克思的人类解放理论为指导，将它与我国的具体国情相结合，在理论和实践上对适合中国国情的马克思主义人类解放思想与道路展开了孜孜不倦地探索。这使有中国特色的马克思主义人类解放理论得以形成，它为推进人类解放的伟大事业作出了巨大的贡献。

第一章　马克思对人类解放的毕生追求

第一节　马克思以前的人类解放追求

"解放"一词源于拉丁语liberal，它在西方语言里和"自由"的含义相同，即当我们提到liberate、liberation、liberty等词汇时，它们既可被译为"自由"，同时也可被译为"解放"。在《辞海》中，"自由"一词，共有三种解释：一是指从束缚和虐待中摆脱出来获得解放；二是指对必然的认识和对客观世界的改造；三是指自己能为自己做主。而"解放"一般则是指摆脱束缚，如人从奴役状态——精神上和肉身上的不自由状态摆脱出来就可以被称为解放。

解放可以被分为"宗教解放"和"政治解放"等形式。宗教解放是指人从宗教的压迫和束缚下摆脱出来获得自由。政治解放是指人从专制和集权的支配、压迫和暴力中解放出来，获得一种政治上的平等和自由。

在历史上,"人类解放"一直都是人们极其渴望与向往的事情。对于人类解放,古今中外的无数有志之士都进行过孜孜不倦的探索与追求。在西方,从公元前5世纪开始,自从古希腊著名哲学家亚里士多德向人们呼吁"认识你自己"之后,人类就踏上了寻求自由与解放的漫漫征途。之后的文艺复兴、启蒙运动和空想社会主义运动,都是人们为实现人的解放所开展的现实活动。真正的"解放"追求,是在18世纪西方开展启蒙运动以后,才逐渐展开的。

在马克思之前,有文艺复兴、启蒙运动和空想社会主义等对于人类解放的探寻。虽然它们对于人类解放,作出了很多具有重要启迪意义和价值的思考,但由于它们各自存在的局限性,并没有真正得出科学的看法与观点,因而最终成为乌托邦式的空想。马克思的人类解放追求,与这些思想之间有着密切的关联,是对它们批判地继承。因此,为了使我们能够清楚地把握马克思关于人类解放的追求,有必要先对这些解放运动作出介绍和说明。

文艺复兴是从14世纪开始的一场人类思想解放运动,它首先是以意大利为中心兴起的,并很快波及到整个欧洲。文艺复兴运动凸显出了人的自我意识的觉醒。文艺复兴的人文主义者，反对中世纪的宗教思想和文化对于人的压抑和束缚，推崇人的个性解放与个人自由，对人的尊严和价值、人的智慧和力量等予以了充分肯定。

文艺复兴的人文主义者认为，中世纪的宗教思想认为神是万物的创造者，人也是神创造的产物，并且人由于犯了"原罪"被贬入凡间，因此只有信仰宗教，对神服从和膜拜，才能重返天堂，由此，在宗教的统治下，人的本性无法得到充分地发展，人是不可能有自由的，更谈不上拥有尊严了。而在这些人文主义看来，人是自由的，是万能的，并且是高于一切事物的存在，人可以达到一切他所要追求的目标，可以按照自己的意志做他所想做的一切，因此人是伟大的、有尊严的存在物，人应该顺应自己的本性来生活。

对此，文艺复兴的代表人物但丁指出，人之所以区别于动物，就在于人有理性和自由意志。他认为，人类最自由的时候，就是他被安排的最好的时候。人可以通过行动达到自由和获得幸福。彼特拉克呼吁，"我自己是凡人，我只要求凡人的幸福"，这句话成为当时人文主义者的至理名言，它表达了人们在宗教统治下追求自由和解放的渴望。薄伽丘提出，人应该是聪明的、灵活的、强壮的、受过教育的全面发展的人。他还要求人与人之间的平等，反对宗教和封建主义的道德束缚。

这种文艺复兴时期的人文主义思想，对于反对神权和封建制度，把人从二者的统治中解放出来，提升人的尊严和价值起到了重要作用。

始于18世纪上半叶的启蒙运动，是一场以理性为基础、对封建专制制度和宗教制度进行猛烈抨击和批判的声势浩大的运动。在当时，启蒙思想家高举理性的旗帜，把理性作为唯一的并且是至高无上的权威，对其他一切现存事物进行评判。在他们看来，在理性之外不存在任何其他的权威，宗教、自然、社会、国家等一切事物都必须接受"理性"这个法庭的无情审判。他们认为，封建专制制度和宗教使人的理性被窒息，结果导致人们长期处于愚昧和苦难的状态中，而理性权威的恢复，则会消除社会中存在的一切罪恶与灾难，建立人们梦寐以求的尽善尽美的理想社会。

这些启蒙思想家的主张可以概括为以下三点：一是反对封建的政治制度以及由此导致的特权、专制和不平等，要求政治解放，呼吁民主、平等与自由。他们认为，人们只要摆脱了封建专制的统治，就可以步入解放的康庄大道。二是在思想上对于封建迷信和宗教蒙昧主义带来的苦难性和危害性予以揭露和批判，倡导用理性主义和唯物主义来反对统治人们一千多年的宗教，对于人们应享有现实人间的幸福权利予以充分肯定。三是要人们去追求理性和自主，从对上帝的信仰、蒙昧、迷信中走出来，期望建立一个符合永恒正义的"理性王国"。

在人类争取自由解放的历史上，启蒙运动起了巨大的影响作用。它为资产阶级清除封建神学思想的影响，彻底推翻封建主义社会制度开辟了道路。但由于启蒙思想家以永恒不变的人性、理性为基础，来对人类社会的历史发展予以说明，而没有以现实为基础，把对解放探求置于现实的基础之上，这就致使启蒙思想家没有发现资本主义社会的本质及其发展规律，没有找到实现理想社会的现实力量，从而不能找到实现人类解放的正确途径。同时，他们也不了解阶级斗争作为阶级社会历史发展基本动力的重要意义，因此，他们对于一切政治行动、特别是一切革命行动予以排斥，而只是对资产阶级王国的理性和道德诉求抱有极大的期望，希望以此来实现解放，其结果必然是令他们的人类解放的愿望落空。

这具体表现为：资本主义制度的建立以及发展，只使少数人即资产者获得了暂时的解放，而并没有为全人类建立一个

"自由、平等、博爱"的理想王国；资本主义社会处于一种贫富悬殊、两极分化的不平等状态之中；在资本主义社会中，人的发展只是一种片面的发展，人的价值并没有得到充分的体现；人们之间的友爱和互助在充满生存竞争、弱肉强食的资本主义社会也变得消失殆尽。

总之，启蒙运动并没有实现真正意义上的人的解放。对此，马克思说道，启蒙使人们所获得的解放，只不过是资本主义社会的政治解放，这并不是真正的人的解放，在资本主义社会，人们虽不再因宗教信仰的不同而受歧视，但却仍会因经济地位的不同而受歧视。即在资本主义社会，自由、平等的帷幔掩盖着人们经济地位的不平等。

空想社会主义的诞生，是以英国思想家托马斯·莫尔在1516年所著的《乌托邦》一书的问世为标志的。在此书中，莫尔深刻地揭露了资本主义社会的基本矛盾，首次天才性地指出，要克服资本主义的弊端，就要用社会主义来取代资本主义，并提出了对共产主义的简单规划。在莫尔看来，乌托邦一词的含义为"福地乐土"或"乌有之乡"。在这以后，"乌托邦"就被用来比喻人们所有幻想中的理想世界。

空想社会主义通过17世纪至18世纪的发展，到了19世纪达到了顶峰。在19世纪，空想社会主义的代表人物是英国的圣西门、傅立叶和法国的欧文。他们对于资本主义社会的弊端和丑恶现象猛烈抨击和批判，并要求建立一个人人平等的、没有压迫的、每个人都得到全面发展的真正合乎理性的理想社会。如，圣西门的"实业制度"、傅立叶的"协作制度"、欧文的"共产主义公社"等，都是比较完整的关于未来理想社会的构想。

圣西门认为，人人都要互助互爱、如同兄弟般相处，每个社会都应当为改进最穷阶级的精神和物质生活而工作。他还提出了通过建立一个按个人能力分享权利和利益的实业体制，来改变有闲阶级不劳而获、人压迫人的社会现象的设想。傅立叶剖析了社会商业活动中人们为牟取私利存在的欺骗与不道德的情景。在他看来，建立一个共同生产、共同消费与共同生活的组织，将会使人的全部本能得以充分发挥。欧文通过建立新和谐公社，来改善工厂工人的状况，促进社会的公平正义。

由于空想社会主义者理论的不彻底性和自身的阶级局限性，这些实验活动最终都失败了。对此，马克思指出，空想社会主义还没有摆脱私有制的影响，因此，只不过是以特殊的方式表现了人道主义的原则。但是空想社会主义所取得的思想功绩却是不可磨灭的，因为马克思主义的共产主义学说的建立，正是以圣西门、傅立叶和欧文这三个人的理论为基础，对它们批判的继承而产生的。正如恩格斯所说，虽然这三个人的学说含有十分虚幻和空想的性质，但他们终究是属于一切时代最伟大的智士之列的，因为他们天才地预示了我们现在已经科学地证明了其正确性的无数真理。

马克思正是沿着前人追求人类解放的道路，踏上了他的追求人类解放之路。

第二节　人类解放是马克思的毕生追求

在马克思的理论中，"人"可以说是马克思关注的中心主题。马克思几乎把自己的一生都花费在用来追求人类幸福和寻求人类解放道路的理论与实践活动中，"为人类谋福利"是他毕生为之奋斗的事业。

这正如恩格斯在《在马克思墓前的讲话》中所说的那样："马克思首先是一个革命家。"他毕生的真正使命，就是以各种各样的方式参加推翻资本主义社会的事业，参加现代无产阶级的解放事业。正是马克思，才使无产阶级意识到自身的地位和需要，意识到自身的解放条件。

在这个意义上，人们把马克思称为"人间的普罗米修斯"是恰切的，尽管马克思从未把自己看成是普罗米修斯。普罗米修斯为人类盗取天火，背叛了以宙斯为首的神界，为人类牺牲了自己，却给大多数人带来幸福。普罗米修斯对人类的深沉而无私的爱、为拯救世人而舍身的崇高情怀，在马克思身上也深有体现。从马克思的人生轨迹来看，争取人类的自由和解放是其明确的宗旨和方向。

马克思从小就生活在一个遍布自由与人道主义思想的社会与家庭氛围中。马克思1818年出生于德国的莱茵省，此地是当时德国经济与政治最发达的地区。由于那里距离法国最近，因此受到法国革命的巨大影响，自由和民主主义思想极其盛行。马克思的父亲，亨利希·马克思，是特里尔市高等法院的一名律师，他精通法律，学识渊博，有着深厚的哲学修养，倾向和支持理性启蒙主义和政治自由主义。正是马克思的父亲，首先让马克思接触到了自由主义和人道主义的思想。1830年至1835年，马克思在中学读书期间，他的中学校长也坚持并传播理性主义原则。当时，学校里有一大批支持政治自由主义的教师，在宣讲并从事着自由主义的活动。

在这种开明、自由、进步的环境潜移默化的影响中，马克思逐渐受到了自由主义与人道主义思想的熏陶，并形成了高尚的人格与品质，具有了崇高的信仰追求。在中学拉丁语作文的考试中，马克思把风尚淳朴、积极进取、官吏和人民公正无私的时代看作是幸福的时代，并认为不幸的时代是一个时代的风尚、自由和优秀品质受到损害或者完全衰落并且贪婪、奢侈和放纵无度之风充斥泛滥的时代。

在马克思17岁中学毕业时所写的文章《青年在选择职业时的考虑》中，他第一次表达了自己为全人类的幸福而奋斗的伟大理想。在这篇文章中，马克思对人与动物的区别进行了比较。马克思指出，自然给动物限定了它的活动范围，动物也就安分地在这个范围活动，而不试图超出这个范围，甚至不考虑其他范围的存在。也就说，动物依靠本能来适应外部自然界维持生存。而人则不同，人具有超越性，人有使人类和每个个体自身趋于崇高的共同目标，即人有"趋于崇高"的使命感。

正是这种人的"趋于崇高"的使命感，使马克思认为，在选择职业时，应该遵循的主要方针是人类的幸福和人的自身的完美。人们只有为同时代人的完美、为他们的幸福而工作，才能使自己也达到完美。历史承认那些为共同目标工作因而使自己变得高尚起来的人是伟大的人；经常赞美那些为大多数带来幸福的人是最幸福的人。如果我们选择了最能为人类而工作的职业，那么，重担就不能把我们压倒，因为这是为大家作出的牺牲。那时我们所享受的就不是可怜的、有限的、自私的乐趣，我们的幸福将属于千百万人，我们的事业将悄然无声地存在下去，但是它会永远发挥作用，而面对我们的骨灰，高尚的人们将洒下热泪。可见，在此时，马克思就有了这种为人类幸福而献身的信念，这为他以后追求人类解放打下了伏笔。

上大学以后，马克思通过哲学研究开始从理论上探寻人类幸福的理论根据，这点在他的博士论文中深有体现。他的博士论文研究的是古希腊两位著名哲学家德谟克利特与伊壁鸠鲁的自然哲学的差别。虽然从表面上看，马克思的论文是对二人的原子理论的差别进行的比较，但在实质上，他是想通过这种比较来肯定个人的自由。

在马克思看来，在德谟克利特那里，原子运动的形式有直线下落和相互冲撞两种形式；在伊壁鸠鲁那里，原子除了上述两种运动外，还有脱离直线的偏斜运动。德谟克利特的哲学坚持必然性，认为一切事物都是有必然决定的，必然性就是命运、法、天意与世界的创造者；伊壁鸠鲁则坚持偶然性，他认为必然性是不存在的，因此，事物的存在是自由的。这种对自然本身的不同认识使两人哲学上存在着差别进而导致对人生的态度和追求的差异。德谟克利特坚持原子直线运动、必然性与神学目的论，最后他由于对知识感到绝望而弄瞎了自己的眼睛；伊壁鸠鲁却在将要死亡的时刻洗了一个热水澡并享受了美酒。

马克思通过这种对两人自然哲学与人生态度的比较，肯定伊壁鸠鲁在哲学理论上作出的贡献，认为伊壁鸠鲁对原子偏斜运动的提出，是个体自我意识的象征，它显示出个体的内在自由。因为原子在直线下坠的过程中是没有独立性和个性的，而偏斜使原子从它的直线运动中解放出来。对于伊壁鸠鲁这种打破命运束缚的原子偏斜运动论中所体现的个体自由原则，马克思给予了强烈的赞扬和高度的肯定。

马克思对于原子偏斜的理解，蕴含着一种人文思考，即在原子偏斜中看到了其中所包含的个体的精神自由与独立的意味。在论文中，马克思对人的个性和独立性深切关注，以"偶然性"和"自由意志"来对"命运的必然性"和"必然性的神意"予以反抗。

博士论文完成之后，马克思从书斋中走出来进入到现实社会生活领域，通过工作接触到了社会的具体现实问题。在当时，普鲁士政府出台了书报检查令，对新闻出版自由予以限制。马克思关注并呼吁出版自由。

此时，马克思认为，人的自由首先是言论和出版自由，它是一切自由的前提。他指出，自由是人所固有的东西，自由是全部精神存在的共同本质，因而也就是出版的共同本质，没有出版自由，其他一切自由都是泡影。他指责了普鲁士政府的书报检查令对人的精神自由的限制。他说，对于精神这个世界上最丰富的东西，普鲁士政府却要求它只能以一种官方的形式存在，精神的最主要形式是快乐、光明，但是普鲁士政府却使阴暗成为精神的唯一合法的表现形式，使精神只准披着黑色的衣服。虽然马克思此时对自由的思考不是从经济事实出发而是以理性精神为基础进行的，但是，他立足于社会政治生活，对当时的社会现状和制度作出思考，批判了为了维护政府统治的书报检查令对于人的个性和自由的抑制，反对官方政府出于维护政府统治的目的对人的言论的多样性的限制。

由于在工作实践中与社会现实接触，马克思认识到物质利益的对立是产生社会矛盾的根源，他自觉而坚定地从劳动人民的立场出发，为捍卫他们的利益而斗争。

在当时的德国，随着资本主义的发展，有钱人占有公社土地的情况越来越多，农民越来越贫困。在这种条件下，一些农民只能依靠盗窃林木与破坏狩猎地和牧场为生。而在那时，这些行为是违法的，政府对这些行为的惩罚也日益严厉。1836年，在普鲁士因为这类行为而受到处罚的人多达15万，数量占到当年全部刑事犯罪案件的77%。即使在这种情况下，林木占有者还要求统治者颁布更严厉的法律来对贫苦农民侵犯他们利益的行为予以惩罚。

马克思挺身而出为这些贫苦农民进行了辩护。他指出，世界上存在着不同的物质利益，人们奋斗所争取的一切，都是为了他们的物质利益。正是物质利益，决定了人们对于事物和法律的看法和态度。这一点在林木盗窃法上体现得非常明显。对于林木占有者来说，某项法律对于他们来说是有利，那么这项法律就是好的，否则就是多余的、有害的、不切实际的。为了维护自己的利益，林木占有者对捡枯树枝、违反林木条例和盗窃林木三种行为不加区分，统统当作林木盗窃来惩罚，一律加重治罪，这是不公平的。

与此同时，马克思对黑格尔哲学产生了怀疑，并进行了批判性的研究。马克思认为，按黑格尔哲学原则，国家应该是理性的实现。但是，他所面对的普鲁士国家，却只是富人的工具，它所做的每一件事情都仅仅是为了满足富人的需要和利益，而不是为了实现国家的理性和国家的伦理。换句话来说，普鲁士国家是由私有财产即物质财富和各种特权决定的，它虽然在表面上代表人民的普遍利益，实质上却代表着一部分人的特殊利益，是束缚和压制人的自由和权利的工具。因此，国家与宗教一样，都是对人的奴役和束缚，只不过二者的区别在于前者是在政治上对人加以奴役和束缚，而后者是在精神上对人加以奴役和束缚。马克思在此时第一次表述了对未来能够实行人民权利的理想社会的看法。他认为，未来人应该有的社会制度是一种新的政治制度——民主制。这种民主制就是人民自决，它的根本法则是人的存在、人的利益和人民的利益。

其后，马克思对于宗教解放、政治解放和人类解放之间的关系问题进行了思考，对于宗教具有独立性的假象予以了揭露和批判。这时，他已经初步意识到了在市民社会即资本主义社会中，由于物对人的统治和奴役而使人的自由受到限制的这种社会现实。

在马克思看来，人从宗教中获得解放，并不能够使人从政治中获得解放，所以不能把政治解放问题与宗教解放问题等同起来。因为政治解放并没有消除人的实际的宗教信仰。由于市民社会自身的分裂才是宗教产生的根源,因此,要从现实社会出发解释宗教以及宗教中存在的桎梏。

于是,马克思把政治解放和宗教解放的关系问题转变为政治解放和人类解放的关系问题。他认为政治解放只是人类解放的一个环节,而宗教解放是人类解放的必然结果。政治解放只是通过政治革命建立资本主义制度,使人从封建社会的束缚中摆脱出来,成为独立的个人和法人的解放,它并不是真正意义上的人的解放。

通过分析典型的现代人——犹太人在现代世界的存在特征,他揭露和批判了人在市民社会中的不自由状态。在马克思看来,实际需要、自私自利和利己主义是犹太人在市民社会存在的现实世俗基础和原则。而金钱正是实际需要和自私自利的神即世俗上帝。金钱成为摆脱中世纪政治桎梏的市民社会现实生活世界中存在的神,它高高在上,具有巨大的威力,作为一种独立的东西对人进行统治。所以,犹太人并没有从宗教中解放出来,也没有获得真正的自由。由此,马克思指出,犹太人的解放,就其终极意义来说,就是从"做生意"和"金钱"中获得解放。即只有当现实社会力量不再作为一种压迫人的力量存在的时候，人类才能彻底地获得真正解放。

宗教解放、政治解放和人类解放的问题构成了马克思此后继续思考的主题。之后，他进一步对宗教的产生现实基础与宗教的独立性幻象予以批判和揭露。马克思在此时已经清楚认识到，在资本主义社会中，"非神圣形象"对人进行着奴役和统治。

马克思认为，对宗教的批判是对其他一切批判的前提。宗教产生的基础就在于人的社会现实生活中。宗教是人对现实世界的颠倒的反映和意识。由于国家、社会本身是颠倒的世界，因此它们才产生了颠倒的宗教即颠倒了的世界观。宗教是现实苦难的表现，是被压迫生灵的叹息。只有人的现实幸福得到实现，幻想幸福的宗教才能被废除。

在当时马克思所处的社会，虽然宗教批判使人摆脱了幻想，使彼岸世界的真理即宗教的真理消失，但人在现实社会中又陷入处于"非神圣形象"统治的境地。这表明，只停留于反对宗教的斗争，并抛弃宗教，并不能消除产生宗教的苦难世界，因此，揭露人在现实社会中受到的奴役和压迫，就成了一个紧迫的任务。于是，马克思要把对宗教的批判转变对现实社会批判。

在此基础上,马克思从德国的现实条件和理论发展水平出发,对于人类解放的问题进行了探讨。他认为,德国能够实现人类解放,这是因为德国理论从彻底废除宗教出发,对宗教的批判最后使人的地位被确立,从而能够推翻那些使人成为受屈辱、被奴役、被遗弃和被蔑视的东西的一切关系。并且他此时还明确指出,解放人类的主体是无产阶级。

此后,马克思开始把哲学研究和政治经济学研究结合起来,深入到市民社会即资本主义社会的经济生活领域,探索资本主义的经济规律,并对其弊端予以揭露,这使他的理论研究从对资本主义社会的宗教、国家、法等的批判,转向对资本主义生活本身的批判。

这一时期的研究成果就是《1844年经济学哲学手稿》。在此手稿中,马克思重点阐述了"异化劳动"和"人的类本质"的理论,批判了资本主义社会对人的"非人化"、"异化"的现实。他认为,人的本质是"自由自觉的活动"。但当他从资本主义"当前的经济事实出发"时,他发现,在资本主义社会,由于生产资料资本家占有,而工人一无所有。工人为了生存,就必须出卖自己的劳动力,被资本家雇佣。工人在劳动的过程中要受到资本家的剥削和奴役,并且工人所生产的劳动产品归资本家所有，因此，工人处于一种不自由的状态中，即异化状态中。"异化"一词，简单地说，是指本来是由人创造出来的为人所占有和支配、满足人自身需要的、发展人自身多方面才能的手段和力量，反过来成为奴役人和统治人的东西。即人的活动结果违背了人的意愿，和人处于一种敌对关系之中，反过来成为奴役人的力量。马克思认为，在资本主义条件下，人就是以这种"异化"状态存在的。

马克思首先列举了社会可能处于的三种状态，对工人在其中的地位进行了考察。

一是当社会财富处于衰落状态，工人遭受痛苦最大。因为，即使在社会处于幸福状态中，工人阶级也不可能取得像所有者阶级取得的那么多好处。所以，工人阶级在社会财富衰落状态的社会中会遭受深重的苦难。

二是财富正在增长的社会。这是对工人唯一有利的社会状态。在这种社会条件下，资本家之间展开竞争，对工人需求超过了工人的供给。但是，首先，工资的提高引起工人的过度劳动。他们越想多挣几个钱，他们就越要牺牲自己的时间，并且完全放弃自己的一切自由，从事着奴隶般的劳动，这就缩短了工人的寿命。其次，在这种社会条件下，工人生产的劳动产品越来越多，但这些劳动产品归资本家所有，于是，工人生存资料和活动资料越来越多地积聚在资本家的手中，即使资本积累增加。而随着资本积累的增加，工人日益完全依赖于劳动，依赖于一定的、极其片面的、机器般的劳动。随着工人在精神上和肉体上被贬低为机器，工人也越来越依赖于市场价格的一切波动，依赖于资本的使用和富人的兴致。

三是在福利增长的社会中，资本家之间的竞争会加剧，大资本家使小资本家陷入破产，一部分先前的资本家会沦为工人阶级，工人阶级由于这种补给，部分的又要经受降低工资之苦，同时更加依赖于少数大资本家。工人阶级由于人数的增加，彼此之间的竞争变得越来越激烈、反常和带有强制性。因此，工人的供给如果大大超过需求，那么一部分工人就要沦为乞丐或饿死，正如一部分资本家必然沦为工人等级一样。在这种情况下，如果过剩的工人能够找到买主，那么他就是幸运的。

由此可见，即使是在对工人最有利的社会状态中，工人的结局也必然是劳动过度和早死，沦为机器，沦为资本的奴隶，发生新的竞争以及一部分工人饿死或行乞。因此，在社会增长状态中，工人的毁灭和贫困化是他劳动的产物和他生产的社会财富的产物。就是说，贫困是现代劳动本身的即资本主义生产中产生出来的。

接着，马克思对于工人在资本社会中的具体异化存在状态进行了分析。他指出，工人自己劳动所生产的劳动产品，不归自己所有，而是归资本家所有，反过来资本家又用工人所生产的劳动产品继续对工人进行剥削和奴役即它们支配着劳动者，结果造成了这样的事实：工人生产出的财富越多，他的产品的力量和数量越大，他就越贫穷。工人创造的商品越多，他就越变成廉价的商品。物的世界的增值同人的世界的贬值成正比，即工人在劳动中耗费的力量越多，他亲手创造出来的反对自身的、异己的对象世界的力量就越强大，他自身、内部的世界就越贫乏，归他所有的东西就少。

同时，在资本主义条件下，劳动者的劳动只是谋生的手段，不是自愿的而是被强制的劳动，只是满足劳动需要之外的需要的一种劳动，因而是一种异化劳动。而劳动作为人的活动，本应是对人的能力的确证和肯定。但在异化的状态下，劳动者在自己的劳动中获得的只是对自身的否定和不幸，他们不能自由地发挥自己的体力和智力，并且受到肉体和精神的双重折磨和摧残。这种劳动的异己性明显表现为：只要肉体的强制或其他强制一停止，人们就会如同逃避瘟疫一样逃避劳动。在此条件下，人丧失了自身，他们的活动中更多地具有了动物性的特征。劳动者只有在运用自己的动物机能——吃、喝、生殖，至多还有居住、修饰，等等的时候，才觉得自己在自由活动，而在运用人的机能时，觉得自己只不过是动物。动物的东西成为人的东西，而人的东西成为动物的东西。

还有，在资本主义社会中，人同他人相对立。这是因为，在资本主义社会中，劳动和劳动产品都属于劳动者之外的他人，这个他人就是资本家。通过异化劳动，工人生产出一个对劳动生疏的、站在劳动之外的人及资本家对这个劳动的关系。这表明，人同人相异化主要就是资本家同劳动者相异化。资本家对劳动者来说是统治他们的异己力量，劳动者的活动对资本家来说，是为资本家服务、受资本家支配、在资本家强迫和压制之下的活动。

这就是马克思在此书中从"异化"角度对人在资本主义社会中不自由状况的揭露和批判。马克思此时的思考，虽然是从伦理意义上的人道主义立场出发，但他已经深入到市民社会的物质生活领域和经济生活本身，开始触及到资本对人的统治和奴役问题，并从现实社会本身去寻找扬弃异化的途径，探索实现人的自由和解放的共产主义的可能性,这为以后的思想发展奠定了基础。在其后的研究中,马克思分析了无产阶级的现实生活条件及无产阶级与资产阶级的矛盾,阐发了"有产阶级和无产阶级同是人的自我异化"、在"无产阶级的生活条件中现代社会的一切生活条件达到了反人性的顶点"等观点,并指出了无产阶级的历史作用。

之后,在《关于费尔巴哈的提纲》中,马克思在确立实践观和阐明一系列历史唯物主义的基本观点的同时,依旧把人的问题看作是他哲学研究的核心问题。马克思指出,包括费尔巴哈哲学在内的"唯物主义",只是在当下世俗社会的基础上批判人在宗教上的自我异化,这实质上是对产生宗教异化根源的现代世俗社会的认可。马克思在这里提出要建立一个"人类社会或社会的人类",这是一个与资本主义社会完全不同的新型社会,即消灭了分裂和人的异化的社会。

在《德意志意识形态》中,马克思对于当时资本主义社会中的资本主义生产关系对于个人的统治和个性的压抑,作出了分析。他在理论上从科学的历史唯物主义立场出发,认为通过人的物质生产活动,可以消除分工,克服人的异化和片面性,并对共产主义的历史必然性予以了论证。

在这以后，在《共产党宣言》和以《资本论》为代表的一系列政治经济学批判的著作中，对资本主义社会对于人的压迫和束缚，进行了细致的研究和强烈的抨击与批判，具体深入地揭露了人在资本主义社会中不幸的生存境遇，对实现人类解放的主体力量、现实道路、物质基础等问题予以了思考，指出了实现人类解放的可能性。（具体思想见后文）

由此可见，在马克思的一生中，对人的自由和解放的关注，始终是马克思关注的主题，为了使人获得自由和解放，他呕心沥血地进行理论研究和革命实践。马克思本可以凭借自己过人的智慧、超群的能力和渊博的学识过着资产阶级上流社会阶层体面、优越而富足的生活，但是他没有这样做，而是把自己的毕生精力都奉献给了实现人的自由和解放的事业，并因敌对势力的迫害而过着颠沛流离的生活。这就是马克思——"人间的普罗米修斯"！

第三节 实现人类解放的共产主义

马克思的最终奋斗目标，就是要实现人的自由和解放，即实现共产主义。对此，有的西方学者指出，如果想很简要地确定马克思的主要理论功绩，那就可以这样说：他创立了科学共产主义理论。在马克思的理论体系里，科学共产主义理论不单单是马克思主义的一个组成部分，它是整个体系的根本目的和最终完成。这种评价表明，实现人类的自由和解放的共产主义，是马克思从事理论研究和革命实践的最终目的。

对于共产主义，马克思并没有进行详尽的规划。因为他认为，共产主义对我们来说不是应当确立的状况，不是现实应当与之相适应的理想。马克思坚持科学的立场和方法，立足于人类社会发展规律，在批判资本主义这个旧世界的过程中，科学地发现和预见作为新世界的未来共产主义的方向和原则。所以，马克思只是对共产主义的一般特征进行了说明。这也是马克思与那些热衷于对未来社会进行想象和描述的空想社会主义者的根本区别。无论是16世纪的莫尔、闵采尔和17世纪的维拉斯、温斯坦莱，还是18世纪的摩莱里、马布利、巴贝夫和19世纪的圣西门、傅立叶、欧文、布朗基等，所有这些空想社会主义者的代表人物，对于未来理想社会中的一切，包括各种细节特征，如社会人员的组成、人们劳动时间长短的规定、城市的布局、建筑物墙壁上的图案等，都作出了具体而详尽的安排和设想。因此，他们的理论之所以是空想的而不是科学的，恰恰就在于他们把描绘共产主义当作自己的主要任务，进而致力于对其作出细致的勾勒。因而这种方法论上的错误就成为他们理论的致命伤。

马克思正是看到了他们理论的这一缺陷，所以他只是在对资本主义社会及其发展趋势的研究中，对未来社会的发展方向、原则和基本特征予以了阐释。至于未来共产主义社会的具体情形是什么样，马克思认为，应该由以后的实践来解答。这种态度，在马克思回答有人提出革命成功后应采取什么措施的问题时，显示得很清楚。马克思认为，这个问题提得不正确。他对此说道，现在提出这个问题是不着边际的，因而实际上是一个幻想的问题，对这个问题唯一的答复，应当是对问题本身的批判。因为在将来某个特定的时刻应该做些什么，这当然要完全取决于人们将必须在其中活动的那个既定的历史环境。

虽然马克思对他所期望的未来社会，从未进行过详细探讨，但他还是在一些著作中，对它进行了展望并阐述了它的本质特征。在马克思看来，共产主义社会，从总体上说，是一个彻底消灭包括资本主义私有制在内的一切私有制，扬弃个人存在的异化状态，生产力高度发展，物质财富极大丰富，完全实现人的自由、解放和人的全面发展的社会。

具体来说：第一，从经济制度上来说，共产主义是一个消灭私有制的社会。

马克思对于共产主义的这种本质特征的说明，最初出现在《1844年经济学哲学手稿》中。他指出，共产主义是私有财产即人的自我异化的积极的扬弃，因而它是为了人而对人的本质的真正占有；所以，它是人向自身、向社会的合乎人性的复归，这种复归是完全的、自觉的和在以往发展的全部财富的范围内生成的。这种共产主义，是人和自然界之间、人和人之间的矛盾的真正解决，是存在和本质、自由和必然、个体等之间的斗争的真正解决。

马克思在此时意识到，正是私有财产的存在，使人丧失了自己的自觉活动的这种存在本质，处于异化状态中。而在私有财产得到废除的共产主义社会，无论在任何方面，感觉和特性都由异化的状态变成了人的感觉和特性，因而使人能够彻底扬弃片面畸形的异化发展状态，使人的一切感觉和特性都能够得到彻底的解放，使人成为全面占有自己本质的真正的人。因此，共产主义社会创造着合乎人的本质的、全面丰富的人。虽然在此时，马克思对共产主义的理解，还受到传统人道主义的影响，还是一种抽象的思考，但他已经朦胧地意识到，共产主义所具有的经济的性质，是同以往社会完全不同的。这种经济性质的本质就是：彻底消灭私有财产，建立公有制。马克思认为，只有这样做，个人才能彻底摆脱异化的生存状态。因此，对包括资本主义私有制在内的全部私有制的扬弃，就成为马克思在产生共产主义理论以后，一贯坚持的立场。

从这种立场出发，马克思对各种不成熟的共产主义思想予以了严厉的批判。这些不成熟的共产主义思想，它们的共同特点是，把共产主义限定在私有财产的关系范围内。在马克思看来，当时存在的各式各样的共产主义派别和共产主义思想，虽然主张各不相同，但在基本立场上，它们都不否定私有财产在共产主义社会的存在。这些共产主义派别和共产主义思想，大体上主要可以分为两种类型：一种是粗陋的共产主义，另一种是民主的或专制的具有政治性质的共产主义和废除国家的、未完成的共产主义。

对于粗陋的共产主义，马克思分析道，它的主张实质上并不是废除私有财产，而是要求对私有财产关系的普遍化和完成。这种共产主义理论从根本上说，只是人的嫉妒心和平均主义欲望的体现，而并不要求对私有财产的积极扬弃。它的核心和灵魂是平均主义即对私有财产的平均占有。这种观点实际上显示出当今世界物质财富对人的强大统治所产生的影响。这种影响之巨大，以至于人们在设想共产主义时也会认为，生活和生存的唯一目的就是对物质财富的直接占有，不能被所有人作为私有财产占有的一切，如才能等都应该用强制的手段消灭和抛弃。

粗陋的共产主义认为，人由于平均地占有了私有财产，而具有共同性。这种共同性体现在，工人这个定位在共产主义并没有被取消，而是被推广到一切人的身上。在这种条件下，劳动具有共同性，作为普遍的资本家的共同体的共同资本所支付的工资，也具有平等的共同性。劳动和资本作为关系的两个方面被提高到想象的普遍性：劳动是为每个人设定的天职，而资本是共同体的公认的普遍性和力量。

这种用普遍的私有财产来反对私有财产的运动，是用反对婚姻的、把妇女变为公有的、共有的公妻制这种动物式的形式表现出来的。马克思对此批判说，公妻制这种思想，是这个仍然十分粗陋的和无思想的共产主义的昭然若揭的秘密。这种共产主义，到处否定人的个性，它只不过是私有财产的彻底表现，因为私有财产就是否定人的个性的东西。因此，这种共产主义是对整个文化和文明世界的抽象否定，它不仅没有超出私有财产的水平，还由于非自然的、简单状态的倒退，甚至从来没有达到私有财产的水平，而这恰恰证明了对私有财产的扬弃绝不是对它的简单占有。

对于第二种共产主义理论，马克思认为，是处于私有财产即人的异化影响下的共产主义理论。它包括两种形式的共产主义。一是民主的或专制的具有政治性质的共产主义。二是废除国家的、未完成的共产主义。这两种形式的共产主义，与粗陋的共产主义比较而言，其进步性在于，它们已经认识到共产主义是人向自身的还原或复归，是人的自我异化的积极扬弃，它们试图通过对政治和经济的变革来实现自身。但它们同样也具有局限性，这种局限性是，它们还受到私有财产的束缚和感染。虽然它们已经理解私有财产这一概念，但是还不理解它的本质。正是由于这种局限性，使得这两种形式的共产主义，或是处于与私有财产抽象对立的状态，或是处于私有财产所造成的异化范围之内，从而仍然没有彻底摆脱私有财产。

所以，马克思指出，上述这两种类型的共产主义都是不成熟的理论。而理论总是与现实相对应的，不成熟的共产主义理论正是由不成熟的资本主义所造成的。共产主义，在被马克思提出来以前，以其命名的各种思潮之层出不穷，它们所以是苍白无力和幼稚的空想学说，原因就在于，社会条件发展得不够成熟。这正如马克思所提到那样，在无产阶级尚未发展到足以确立为一个阶级，因而无产阶级同资产阶级的斗争尚未带政治性以前，生产力在资产阶级本身的怀抱里尚未发展到足以使人看到解放无产阶级和建立新社会必备的物质条件以前，这些理论家不过是一些空想社会者，他们为了满足被压迫阶级的需求，想出各种各样的体系并且力求探寻一种革新的科学。对此，恩格斯也说道，由于那时的经济关系还不发达，而且解决社会问题的办法隐藏在其中，因此只能从头脑中产生出来。社会所表现出来的只是弊病，人们认为思维着的理性能够承担消灭这些弊病的任务。所以这种新的社会制度一开始就注定要成为空想的，它越是制定得详细周密，就越是要陷入纯粹的幻想。也就是说，只有在资本主义发展到一定阶段以后，科学的共产主义理论才有可能形成。

对于共产主义社会具有彻底消灭私有制的这种性质，马克思在后来的学说中都予以了强调。他在《德意志意识形态》中指出，共产主义和所有过去的运动不同的地方在于：它推翻了一切旧的生产关系和交往关系的基础即私有制，使财产受联合起来的个人支配。在马克思看来，共产主义对旧的生产关系的消灭，主要是通过无产阶级夺取政权的革命来完成的。这种革命同过去革命的根本区别就在于：过去的一切革命的最终结果，不过是生产资料私有权在社会成员之间进行重新分配，而共产主义是对整个私有制的消灭，是对任何阶级的统治和阶级本身的消灭，即消灭旧有的经济关系和政治关系。

第二，对于个人来说，共产主义是现实人的个性和自由的社会。

在消灭了生产资料私有制后，共产主义成了无阶级的社会，联合起来的个人对整个社会进行支配，人对人的剥削、压迫和统治将消失，旧式的、造成人的自我异化的分工也将不复存在，存在的只是不同的生产领域、生产部门的分工，人们不会为了维持生存而被迫终身束缚在强加于他们的某种固定的职业上。任何人都没有特定的活动范围，每个人都可以在任何部门内发展，社会调节着整个生产，因而有可能使每个人随自己的心愿今天干这事，明天干那事，上午打猎，下午捕鱼，傍晚从事畜牧，晚饭后从事批判，但并不因此就使自己成为一个猎人、渔夫、牧人或批判者。劳动由外在的强制性活动转变成人的真正的自由自主的活动。每个个人的活动不再作为某种异己的力量同他们相对抗。每一个人的体力、智力、才能和天赋都将会得到充分、全面、自由的发展。

在此意义上,马克思把共产主义在《德意志意识形态》中称为"真实的集体",并认为在真实的集体中存在的人是"有个性的个人"。所谓"有个性的个人",马克思是在与"偶然性的个人"对立的意义上使用的。"偶然性的个人"是指处于这样一种社会条件下的个人,这种社会条件不再是个人自主活动的条件,因而它对于个人或者个人对于它变成了偶然的东西。在马克思看来,资本主义社会中存在的个人就是这种"偶然性的个人"。在资本主义社会里,个人的存在具有偶然性,是因为他们的生活条件对他们来说是偶然的。个人生活条件的偶然性,只是随着那个自身是资产阶级产物的阶级的出现才出现的。只有个人相互之间的竞争和斗争才产生和发展了这种偶然性。虽然个人在资本主义社会中的存在与个人在以前社会形态中的存在相比较,在形式上似乎要自由,处于一种自由状态,但在实质上并不是处于真正的自由状态。这是由于资本主义社会中存在的个人,处于与社会条件不相适应、不相协调的状态,社会条件对于个人来说是外在的偶然的东西,个人要受到外在存在物的力量的支配和制约,无法掌控自己的命运和实现自己的个性,因而个人事实上也因以这种条件为存在对象变成了不自由的偶然性的个人。

"有个性的个人"则是指具有活动的自主性、能够掌控自己命运的人。这种个人与"偶然性的个人"相比较，是在完全不同的另一种情形下存在的个人。在这种情形下，社会条件在一定程度上构成了个人自主活动的条件，这种条件是与他们的个性发展相适应的。这样的人只有在共产主义社会中才存在，因为在共产主义社会里，每个人都生活在真实的而非虚假的联合体内，这种联合把个人自由发展的条件置于他们的控制之下，从而避免外在力量的控制和支配。在真实的集体中，每个个人在他们的联合中并通过这种联合获得自由。

这种实现"有个性的个人"存在的真实的联合体和真正的共同体，被马克思称为"真实的集体"。他把共产主义称为"真实的集体"。原因在于，他认为，共产主义社会以前，包括资本主义社会在内的一切社会，由于个人在其中不能获得全面发展才能的手段和自由，因而使个人成为"偶然性的个人"，因此这些社会都不是能够实现个体的个性和独立性的"真实的集体"，而只是与"真实的集体"相对立的"虚假的集体"。在马克思看来，这些"虚假的集体"对"个人的自由发展"具有局限性。他指出，从前每个个人所结成的那种虚构的集体，总是作为某种独立的东西，而使自己与每个人对立起来；由于这种集体是一个阶级反对另一个阶级的联合，因此对于被支配的阶级来说，它不仅是完全虚幻的集体，而且是新的桎梏。这种"虚假的集体"，将被一种具有特殊性质的"联合体"即共产主义所取代。这种"联合体"与历史上曾经出现过的"集体"，是全然不同的、取代阶级和阶级对立的"真实的集体"。

在《德意志意识形态》中被称为"真实的集体"的未来共产主义社会，也被马克思在后来的许多重要著作中作出过表述。在《共产党宣言》中，作为"真实的集体"的未来共产主义社会被阐述为：是在消灭私有制、同传统所有制关系实行最彻底的决裂的基础上，建立的一个以个人自由发展为一切人自由发展的条件的联合体。

在《1857—1858年经济学手稿》中，共产主义被马克思看作是，个人全面发展和个人获得自由个性的这样一种形态的社会。马克思指出，在共产主义社会，个人将彻底摆脱资本主义的统治，获得解放。他认为，共产主义社会的真正目标，是消灭对财富生产者的社会奴役，消灭资本对劳动的经济统治，即消灭资本主义固有的劳动和所有权之间的分离，由另一种制度来取代私人交换制度，使劳动重新把劳动的客观条件当作自己的财产。

第三，从生产上来说，共产主义的生产是为了满足人的需要的生产。

马克思对在此条件下的人的需要的满足状态进行了说明。他指出，共产主义社会，由于取消了资本主义的生产方式，消灭了资本，因而以交换价值为目的的生产过程将被以需要和使用价值为目的的生产过程所取代。人的生产目的将不再是追求交换价值的生产和实现，追求无限度地获得物质财富，而是为了使个人的需要得到满足和使个人的能力得到发展。在这里，使用价值从它对交换价值的从属中解放出来，成为对于生产来说最为重要的东西，生产和分配都直接建立在遵从人的"生命的基本需要"的基础上，并以此为基础来调节。马克思对此曾说道，在共产主义社会高级阶段，迫使个人奴隶般地服从分工的情形已经消失，从而脑力劳动和体力劳动的对立也随之消失之后；在劳动已经不仅仅是谋生的手段，而且本身成了生活的第一需要之后；在随着个人的全面发展，他们的生产力也增长起来，而集体财富的一切源泉都充分涌流。只有在那个时候，才能完全超出资产阶级权利的狭隘眼界，社会才能在自己的旗帜上写上：各尽所能，按需分配！这与以交换价值为基础的、以获取剩余价值为目的资本主义社会形成了强烈的对比。

对于共产主义这种生产和分配的主要特征，马克思这样描述，在一个集体的、以生产资料公有为基础的社会中，生产者不交换自己的产品。因为这时，同资本主义社会相反，个人的劳动不再经过迂回曲折的道路，而是直接作为总劳动的组成部分存在着。在共产主义社会，生产是公共生产，公共性被假定为生产的基础，因而生产的前提是自我调节的。在这种条件下，单个人的劳动从一开始就成为社会劳动，因此，不管他所创造的或协助创造的产品的特殊物质形态如何，他用自己的劳动所购买的不是一定的特殊产品，而是共同生产中的一定份额。因此，他不需要去交换特殊产品，他的产品不是交换价值。

进一步来说，在共产主义社会，以交换价值为基础的生产不复存在，因而由其必然产生的分工也不复存在。劳动者个人的劳动，也不再需要以交换价值为中介转化为社会劳动，取而代之的是建立起来以单个人参与公共消费为结果的劳动组织。生产的社会性是前提，并且个人参与产品生产，参与消费，个人不受相互独立的劳动或劳动产品的交换所调节，相反它受个人在其中活动的社会条件的调节。也就是说，生产被有计划的组织、管理和调节。个人劳动与社会劳动、个人利益与社会利益具有直接统一性。在马克思看来，上述未来共产主义社会劳动性质的变化，并不意味着劳动会像某些空想社会主义者曾幻想的那样，成为一种娱乐或消遣。马克思指出，在共产主义社会中，劳动仍然是生活的需要，并且真正的自由劳动同时也是非常严肃，极其紧张的事情。

第四，从时间上说，共产主义使人获得的自由时间即个人充分发展的时间增加。

对此，马克思指出，在共产主义社会中，自由时间将大大增加，这对于人的发展具有重要的意义。在那时，由于以交换价值为目的的生产被消灭，所以劳动时间不再是财富的尺度，个人的需要将成为必要劳动时间的尺度，在没有阶级对抗和没有阶级的未来社会中，用途大小就不会再由生产所必要的时间的最低额来确定，相反，花费在某种物品生产上的时间，将由这种物品的社会效用大小来确定。联合的生产者首先是按照可以自由支配的时间，来克服"匮乏"的限制，并组织自己的生活。真正的财富就是所有个人的发达的生产力。那时，财富的尺度绝不再是劳动时间，而是可以自由支配的时间。社会劳动时间的生产和分配按照符合社会成员自身需求和目的的真正计划来调节和决定，它直接被缩减到最低限度，这就给所有的人腾出了时间和创造了手段，个人会在艺术、科学等方面得到发展。

显然，劳动时间的节约，对于增加使个人得到充分发展的自由时间，具有重要的意义。在未来的共产主义社会中，随着科学技术的进步和机器体系的发展所产生出来的巨大生产力，将成为节约劳动时间的强有力手段。它能够为全体社会成员创造出更多的自由时间，使每个社会成员从事自己感兴趣的活动，使自己得到全面发展，从而在生产中发挥更大的作用。真正的经济即节约，是劳动时间的节约，而这种节约就等于发展生产力。在马克思看来，节约劳动时间等于增加自由时间，即增加使个人得到充分发展的时间。从直接生产过程的角度来看，节约劳动时间可以看作生产固定资本，这种固定资本就是人本身。

所以，在节约劳动时间等于增加自由时间，即增加使个人得到充分发展的时间的条件下，劳动时间的节约仍然具有重要意义。对此，马克思指出，在公共生产的基础上，时间的规定仍然是基本的。社会为生产农业、畜牧业等所需要的时间越少，它所赢得的从事其他物质的或精神的生产的时间就越多。

社会发展、社会享用和社会活动的多样性，都取决于时间的节约。一切节约归根到底都是时间的节约。正像单个人必须正确地分配自己的时间，才能以适当的比例获得知识或满足对他的活动所提出的各种要求一样，社会必须合乎目的地分配自己的时间，才能实现符合社会全部需要的生产。因此，时间的节约，以及劳动时间在不同的生产部门之间有计划地分配，在共同生产的基础上仍然是首要的经济规律。

总之，马克思把共产主义社会看作是一个以人的能力的发展为目的本身的"自由王国"。在《资本论》中，马克思说道，事实上，在共产主义的这个自由王国里，联合起来的生产者，将合理地调节他们和自然之间的物质变换，把自然置于他们的共同控制之下，而不让自然作为盲目的力量来统治自己。人们靠消耗最少的力量，在最无愧于和最适合他们的人类本性的条件下来进行这种物质变换。共产主义将充分使人类的能力得到发挥。马克思所提及的这个"自由王国"，在恩格斯那里被进一步阐释。恩格斯认为，在自由王国中，生产资料归社会所有，商品生产不复存在，产品对生产者的统治也随之消失。社会生产成为有计划的自觉的组织起来的生产。个体的生存斗争将不再存在。人的生存条件作为真正的人的生存条件而存在。人们由于已经成为自身的主人，而支配和控制着自己的生活条件，并且第一次成为自然界的主人。人们熟练运用和支配自己社会行动的规律。人们自身的社会结合变成他们自己的自由行动。人们自己控制统治历史的客观的异己的力量，完全自觉地自己创造自己的历史。人们使之起作用的社会原因大部分地并且越来越多地达到他们所预期的效果。

由上可见，共产主义是非常美好的。但在这里需要强调的是，共产主义本身也并不是一个不存在任何矛盾的、无需进一步完善和发展的社会，因此它并不是人类社会历史发展的终结。历史永远不会在人类的一种完美的理想状态中最终结束，完美的社会、完美的国家是只有在幻想中才存在的东西；相反，一切依次更替的历史状态都只是人类社会由低级到高级的无穷发展进程中的暂时阶段。这正如马克思本人所说的那样，共产主义只不过是人类历史发展的一个阶段，是实现人的解放和复原的一个现实的、必然的环节。但是，共产主义本身并不是人的发展的最终目标，并不是人类社会的最终形式或终点。这意味着共产主义不是一个静止的、绝对的、神圣的存在，人类历史没有就此终结。共产主义作为人类自由自觉历史的开端，将是一个在更高的基础上向未来不断生成和发展的社会。

第二章 资本主义社会中人的不幸境遇

马克思发现,在资本主义社会中,人是作为不自由的、片面发展的人而存在的。所以,他才把人类解放作为毕生的追求。对此,他通过数十年对资本主义制度的研究,科学地分析了人陷入不幸境遇的社会根源。他认为,正是由于资本主义制度的存在,才使人处于被剥削、被奴役和被压制的片面发展状态。关于这一点,马克思是从资本主义社会的核心——资本的分析入手的。

第一节 资本主义制度的剥削本质

一、马克思对资产阶级政治经济学家的批判

关于资本,马克思对它所作出的理解是:资本不是物,而是一种社会生产关系,是一种能够在运动中自行增殖的、带来

剩余价值的价值。他的这种把资本理解为社会关系的观点，与把资本理解为物的西方资产阶级经济学家的观点，是完全不同的。

被恩格斯称为"国民经济学的路德"的亚当·斯密，是把资本理解为物的代表人物。斯密认为，资本就是为了生产而积聚起来的财富。在他的《国民财富的性质和原因的研究》一书中，斯密指出，一个人的财富可分为用于目前消费的生活资料和用于继续生产、从中取得收入或利润的两部分，而后一部分就是"资本"。这样，斯密实际上便把资本当作用于继续生产的"生产资料"了。在这里，资本在本质上只是作为一种"物"体现出来，不具有"社会关系"的内涵。

因此，马克思指出，以斯密为代表的经济学家们，一方面把资本由一种关系变成一种物，变成商品；另一方面又把物变成资本，即把表现在物上并通过物表现的社会关系，看成是物本身的要素。

资产阶级经济学家由于自身的局限性，把资本界定为物的这种观点，受到了马克思的尖锐而深刻的批判。在马克思看来，一切事物都是在社会生产关系中并在生产关系的决定下存在的，资本主义社会中的事物也不例外。

马克思把在资本主义社会形态中现实的物理解为,是处于特定的社会关系中的存在和产物,即是特定历史条件下的社会存在。以这种观点来理解资本主义社会中的物,资本就成了一种社会关系。

对于资本是一种社会关系的指认,马克思曾在不同的著作与同一著作的不同地方予以了强调。早在1847年的《雇佣劳动与资本》一文中,马克思就明确指出,资本也是一种社会生产关系,这是资产阶级的生产关系,是资产阶级社会的生产关系。在《1857—1858年经济学手稿》中,马克思也强调道,在资本主义社会里,资本虽然总是通过各种物表现出来,但资本显然作为一种关系即生产关系而存在的。在马克思用尽毕生心血完成的著作《资本论》当中,他指出他对于资本的研究,实质上就是对"资本主义生产方式以及和它相适应的生产关系和交换关系"的研究。他在《资本论》中多次写到,资本不是一种物,而是一种以物为中介的人和人之间的社会关系。资本不是物,不是物质的和生产出来的生产资料的总和,而是一定的、社会的,属于一定社会历史形态的生产关系,但它体现在一个物上,并赋予这个物以独特的社会性质。

马克思把资本看成是社会关系，强调生产资料只有在一定的条件下才能成为资本。为了说明这个观点，他转述了英国经济学家威克菲尔德所讲的不幸的皮尔先生的故事。故事的内容是这样的：皮尔先生是一位非常有远见的英国资本家，他把价值5万磅的生活资料和生产资料从英国带到了澳大利亚的斯旺河去，并同时带去了300名工人，企图在那里投资赚钱获取利润。可是，英国工人一到物产富饶、极易谋生的澳大利亚，就纷纷离开，结果皮尔先生竟连一个为他铺床或到河边打水的仆人都没有了。马克思讲到这里幽默地讽刺道："不幸的皮尔先生，他什么都预见到了，就是忘了把英国的生产关系输出到斯旺河去！"

在这里，马克思指出，生产资料和生活资料作为直接生产者的财产不是资本，只有在资本主义生产关系的条件下即充当剥削和统治工人手段的条件下，才成为资本。他还用形象的比喻对此进行了说明：黑人就是黑人。只有在一定的关系下，他才成为奴隶。纺纱机是纺棉花的机器。只有在一定的关系下，它才成为资本。脱离了这种关系，它也就不是资本了，就像黄金本身并不是货币，砂糖并不是砂糖的价格一样。

马克思把资本界定为一种生产关系，实质上是对资产阶级经济学家的超越。马克思指出，以斯密为代表的资产阶级经济学家忽略了从社会关系层面去考察资本。他认为，斯密等经济学家由于作为"资本主义生产代理人"而其观念被束缚。他们"作为资本的品德"即资本的歌颂者与赞美者，必然会过高地估计物的要素的意义，会把生产的物的要素抬高至首位，从而对资本的理解陷入表面化。

这种把资本视为单纯的物的观点，是对资本主义历史条件的否定，实质上是把资本这种历史上暂时的、相对的生产形式看作是绝对的生产形式。也就是说，资产阶级经济学家企图把资本主义生产等同于一般生产，因而看到的只是资本的自然属性，并把这种自然属性当成是社会属性。由此对于资本主义制度，他们只是从表面上作出了理解而没有深入探究其本质，不能揭示出资本主义制度的历史性和局限性，进而把资本主义制度描绘成为永恒的、合理的社会经济制度，认为资本主义制度是合乎自然规律的、固有的制度。资产阶级经济学家所持的这种观点，实质上反映出他们试图维护资本统治地位的态度。

对资产阶级经济学的这种性质，马克思在研究中曾多次予以批判。他认为，经济学家由于一种成见，认为资本主义生产就是一般生产，这就如同一个信仰某种宗教的人把这种宗教看成是一般的宗教，认为除此以外都是邪教一样。正是在资产阶级经济学家们把资本本质看作是物的这种观念中，资本就成了在一切社会形式中都存在的东西，成了某种完全不具有历史性的东西。因为资本作为物可以在任何社会条件下、任何历史时期都存在。于是资本主义制度就成为了社会一般的、颠扑不破的自然规律。

对此，马克思曾强调指出，经济学家们在论断中采用的方式是非常奇怪的。他们认为只有两种制度：一种是人为的，一种是天然的。封建制度是人为的，资产阶级制度是天然的。在这方面，经济学家们很像那些把宗教也分为两类的神学家。一切异教都是人们臆造的，而他们自己的宗教则是神的启示。于是，以前是有历史的，现在再也没有历史了。

二、资本主义制度的剥削性

马克思把资本认为是一种社会关系，并强调它是在资产阶级社会存在的生产关系。他之所以这样说，是因为他通过对资本的研究发现，资本作为一种社会关系，作为自行增殖的价值，内在地包含着阶级关系，具有劳动建立在雇佣劳动基础上这一特定的社会性质。

所以，资本不是从来就有的，它是一定历史阶段的产物，它的产生是以私有财产和雇佣劳动的存在为基础的。进一步来说，资本的增殖，是资本通过凭借对生产资料的占有，来获得剩余价值实现的。而这种剩余价值是由工人创造的但却被资本家无偿占有和支配。换句话说，资本的全部价值都是工人创造的，资本的增殖就是用工人的无酬劳动占有工人更多数量的无酬劳动。

因此，马克思指出，资本，如果没有雇佣劳动它就什么也不是。这表明，雇佣劳动的存在，是资本主义生产关系得以存在的前提条件。对此，马克思是这样分析的，资本主义的生产作为商品生产，只有商品生产和商品流通是不够的，它还必须具备如下的条件，即这种商品交换必须是：一方是价值或货币的所有者，是生产资料和生活资料的所有者；另一方是创造价值的实体的所有者，是除了劳动力以外什么也没有的所有者。只有当生产资料和生活资料的占有者一方，在市场上找到出卖自己劳动力的自由工人的另一方的时候，资本才能产生。

马克思还指出，资本本身不过是人的劳动的产物，那么这里就产生了一个问题，这个问题就是，人怎么会落入他自己的产物——资本的统治下，并且从属于这个产物呢？然而，因为实际上情况确实如此，所以不禁要问：工人作为资本的创造者，怎么会由资本的主人转变成为资本的奴隶呢？

对此，马克思这样回答道，资本从工人身上榨取无酬剩余劳动的独特经济形式，决定了资本家与工人的统治和从属的关系，这种关系是直接从资本主义生产本身中生长出来的，并且又对这种生产发生决定性的反作用。他分析说，从法律上看，最初资本购买劳动力是完全符合商品交换原则的，因为这种购买的前提是工人具有自由支配自己的能力，而货币或商品所有者能够自由地支配属于他的货币。然而，当第二次以追加的资本购买劳动力时，尽管在形式上还是平等的、自由的交换，但在实质上，交换的性质已经发生了变化。这是由两个原因导致的：第一，用来交换劳动力的那部分资本本身，只不过是不付等价物而占有别人劳动产品的一部分；第二，这部分资本不仅必须由它的生产者及工人来补偿，而且还要在补偿时再加上新的剩余额。这样一来，资本家和工人之间的平等交换关系，仅仅成为属于流通过程的一种表面现象。

显然，劳动力的不断买卖只是表面上的形式，而它的真实内容则是资本家总是用他不付等价物而无偿占有别人的劳动，来不断再换取更大量的别人的无偿劳动。这个秘密是马克思通过区分劳动和劳动力揭示出来的。在马克思看来，资本家付给工人的工资只是劳动力的价格，不是劳动的全部报酬。由于工人一无所有，他只能靠出卖自己的劳动力为生。在市场上工人与资本家进行着劳动力和货币的等价交换，把自己劳动力的使用权出售给资本家。

资本家获取剩余价值的秘密（也就是资本增殖的秘密）就在于对劳动力这一特殊商品的使用过程。马克思讽刺说，当我们同货币所有者和劳动力所有者一起离开这个嘈杂的、表面的、共睹的交换领域，跟随他们进入门上挂着"非公莫入"牌子的隐蔽的生产场所时，我们就会看到，资本是怎样进行生产的和资本本身是怎样被生产出来的。赚钱的秘密到最后一定会暴露出来。当离开劳动力与货币这个虚假的等价交换过程后，原来的货币所有者成了资本家，昂首前行；劳动力所有者成了他的工人，尾随于后。前者笑容满面，雄心勃勃；后者战战兢兢，畏缩不前，像在市场上出卖了自己的皮一样，只有一个前途即让人家来揉。在这种生产过程中，工人不仅创造出自己劳动力的价值，而且在创造出超出劳动力价值的剩余价值。这就是在交换和流通领域之外发生的一切，这也是被遮蔽起来的剥削真相。

因此，资本价值的增殖既不是来自流通领域，也不是源于资本的自然本性，而是来自工人的劳动。资本是一种支配别人劳动的权力。资本按其本质来说，就是对无酬劳动的支配权。资本的全部价值都是工人创造的，资本的增殖就是用无酬劳动占有更多的无酬劳动即剩余价值，即资本通过剥削雇佣劳动来获取剩余价值而完成自身的增殖。

资本所具有的这种社会权力，被马克思更具体地称为"具有支配别人劳动属性的资本所有权"。在马克思看来，这种权力作为"资本独特的社会规定性"被固定下来。在资本主义条件下，随着生产条件与实际生产者分离的发展，资本的权力也在增长，这种权力作为物而存在，资本家通过占有这种物而取得权力，成为权力的执行者。

这表明，资本之所以成为资本，就在于它能够通过支配和统治雇佣劳动而获得一定的剩余价值，并对剩余价值占有和控制，从而使自身得到增殖。这是资本的本性和权力，也是资本存在的根据和理由，是资本生存的根本目的。

第二节　生产中人的不自由状态

既然获取剩余价值或利润，是资本主义的生产目的，那么，在资本主义社会中，生产的一切方面都要受到这个规则的主宰和支配。这主要表现为资本主义社会中的人——工人和资本家，受资本的统治，处于一种不自由的状态中。

一、工人在生产中受资本统治

就工人而言，在资本主义社会，工人丧失所有权，资本家占有他的劳动——这是资产阶级生产方式的基本条件。工人由于丧失了自己的生产资料，为了生存必须走进市场把自己的劳动力当作商品与资本家进行交换。

在交换时，虽然资本家与工人之间的关系在形式上是自由和平等的，就单个人来说，他有自由选择和任意行动的空间，但在实质上，工人是不自由的，因为他除了劳动力没有别的商品可以出售，自由得一无所有。因此，尽管工人在把自己的劳动力作为商品出售时，可以自由地选择出售的对象、时间和地点，但他为了获得生存资料维持生存，没有选择不出售自己劳动力的自由。并且一旦交换成功，工人劳动力的使用就不再属于工人自己，而是由资本家所占有和使用，资本家得到对工人劳动的支配权。

由此，马克思才说，罗马的奴隶是受锁链束缚的，而雇佣工人则是被"看不见的线"系在自己的所有者手里。这就使工人完全处在资本家的统治之下：工人在生产过程中为资本而存在，牢牢地被资本所控制，成为资本的手段、工具和要素，服从资本的权威和专制统治，执行资本的职能，为资本的增殖服务。

具体来说，在生产过程中，资本把劳动本身与各种生产资料结合在一起，资本以生产资料的形式出现，对工人进行统治。对此，马克思说，如果从价值增殖过程来考察生产过程，生产资料就成了吮吸他人劳动的手段。此时不再是工人使用生产资料，把生产资料当作自己生产活动的物质要素来消费，而是生产资料使用工人，把工人当作自己增殖的条件和要素来进行消费。这是资本主义所固有的颠倒，并且这种颠倒是资本主义所具有的独特特征。它是生产资料和工人、价值和创造价值的力之间的关系的颠倒。

这就意味着，在资本主义的生产过程中，资本作为劳动条件成为某种独立的东西，成为能动的主体，与工人相对立，对工人实施控制和统治。资本在工人劳动的过程中执行的是管理、监督和调节的职能，工人的活动必须服从资本的意志和目的，服从资本的权力，服从资本的指挥和纪律，为资本的增殖贡献自己的体力和智力。

对此，马克思曾把资本主义剩余价值的生产过程与纯粹个人的生产过程进行比较，来揭露资本对工人的统治。他指出，在纯粹个人的生产过程中，劳动者是为了自己的生活目的而进行生产，并且是个人占有劳动产品，这时劳动者是在自己头脑的支配下进行劳动的。在这种劳动过程中，劳动者的劳动是一种区别于动物的有意识的、自觉的、创造性的活动。但是在资本主义条件下，生产劳动是以剩余价值为目的进行的。这种生产关系把工人变成资本直接增殖的手段。在这种生产过程中，劳动者不仅在身体上，而且在精神上完全隶属于资本。

所以，成为生产工人是一种不幸。马克思为此说道，在一种不是物质财富为工人的发展需要而存在，相反是工人为现有价值的增殖需要而存在的生产方式下，事情也不可能是别的样子。正像人在宗教中受他自己头脑的产物支配一样，人在资本主义生产方式中受他自己双手产物的支配。

在马克思看来，工人受资本的统治，所导致的后果就是工人在这种以生产剩余价值为目的的资本主义生产中被同一化，成为失去自由、独立性和个性的存在。

这是因为，资本主义生产本身并不关心商品具有何种使用价值，不关心商品具有何种特殊性质，它只关心剩余价值的生产，只关心它所生产的商品的价值。而商品的价值是由凝结在商品中的无差别的人类劳动所决定的。这种无差别的人类劳动，不是指与劳动者本人的个性有关的、任何具有具体内容和形式的具体劳动，而是撇开一切具体内容和形式的人类抽象劳动，即人类劳动力的耗费：人的脑、肌肉神经、手等的一般运作。这种抽象劳动实质上是把人类特殊的、丰富的劳动内容和劳动形式简化为一种完全贫乏的简单劳动。简言之是简化为质上相同而只有量上差别的劳动。这种抽象劳动所反映出的不是不同的、具有个性特征劳动者的劳动，相反，不同的劳动者个人反倒成为这种抽象劳动的简单的器官和工具。

因此，马克思指出，劳动作为使用价值，只是抽象劳动。这说明，资本把工人的劳动只是当作抽象劳动，当作交换价值，它从不关心生产中工人劳动的特殊性质。无差别的劳动下存在的只能是无差别的人，由此，进行这种生产劳动的工人的活生生的生命存在，就被抽象化了，他们被看成是没有个性的、本质上没有差别的存在物。

随着大工业生产时代的到来，机器在生产过程中被广泛使用，工人在生产过程中被抽象化的情况愈演愈烈：工人劳动越来越丧失具有个人特征的一切技艺的性质，越来越具有这种抽象性，他被看作是可以相互置换和替代的机器部件。劳动越来越成为纯粹抽象的活动，纯粹机械的，因而是无差别的、同劳动的特殊形式漠不相干的活动。这是因为，在资本主义社会中，资本具有吞噬和控制一切的功能，这就使包括科学技术在内的社会生产力，也成为资本固有的属性，成为资本的一个要素，从属于资本追求剩余价值的目的。即资本这个贪得无厌的幽灵，把科学技术也变成了奴役人的工具和方法，变成了剥削他人劳动的工具和方法。

也就是说，在资本的操纵下，科学技术运用机器体系，把自己变为强化劳动的工具，从而把工人变成机器的简单从属物。对此，马克思指出，工人的生产活动从一切方面来说，都是由机器的运转来决定和调节的，因而仅仅成为一种单纯的抽象活动。机器作为固定资本像一个"有灵性的怪物"成了富有生命和智慧的存在，而工人却作为活的孤立的附属品附属于它。

在机器大工业的生产条件下，工人的个性特征和品格被消解，被还原为只会重复作某种标准化的机械动作的人。人在生产过程中仅仅是在做一些动作而已，他的活动被还原为一些很简单的要素。工人的劳动是没有关联的机械动作组成的，没有内在的连续性。工人在机器旁的动作与前面动作毫不相关，因为后面的动作只是对前面的动作的不折不扣的重复，因而劳动成为缺乏实质内容的单调活动。在机器大生产的过程中，工人像一个机轮那样被卷入无灵魂的机械装置的不停运转之中。

可见，在资本主义生产条件下，工人被还原和抽象为适合于资本生产的机械装置的一个齿轮，成为可以被代替的公分母。他们自身的特质、感性、想象和思考是不被生产所需要的、因而是不允许存在的。

马克思因此说道，科学、巨大的自然力、社会的群众性劳动都体现在机器体系中，并同机器体系一道构成主人的权力。结果是单个机器工人的局部技巧在这种"主人"的权力面前变得空虚，并作为微不足道的附属品而消失了。劳动者在生产中不再是有个性的人，而是成为机械化的工具。在资本主义制度内部，一切提高社会劳动生产力的方法都是靠牺牲工人个人来实现的；一切发展生产的手段都转变为统治和剥削生产者的手段，都使工人畸形发展，成为局部的人，把工人贬低为机器的附属品，使工人受劳动的折磨，从而使劳动失去内容，并且随着科学作为独立的力量被并入劳动过程而使劳动过程的智力与工人相异化；这些手段使工人的劳动条件变得恶劣，使工人在劳动过程中屈服于最卑鄙的可恶的专制，把工人的生活时间转化为劳动时间，并且把工人的妻子儿女都抛到资本的札格纳特车轮下。

二、资本家在生产中受资本统治

资本作为一种社会关系，作为权力，支配着一切个人。在资本主义社会中，资本不仅对工人进行统治，而且还对存在于其中的其他一切人进行统治。人人都要受到资本的驱使和强制。正如马克思所言，在资本制度内，个人从属于如同命运般在他们之外存在的社会生产。

当然，这里自然也包括资本家。资本家和雇佣工人本身只不过是资本和雇佣劳动的体现者，是资本和雇佣劳动的人格化。他们所具有一定的社会性质是由社会生产过程加于每个个人身上的，因而他们只是一定的社会关系的产物。资本家和工人一样，是处于资本的统治之下的、失去了个性的存在。正是在此意义上，资产阶级政治经济学家才把一切人都仅仅看成是资本家或工人，把个人的一切特性都抹杀了。

具体来说，资本家虽然在资本主义社会里依靠资本从表面上获得了一种"人的生存外观"，即获得了体面的身份，获得了尊严、地位和价值，但实际上却受到资本增殖欲望的驱使，是受资本统治的另一种情形。

对于资本家同工人一样，都必须忍受资本的统治，马克思在他不同时期的多部著作中都有所阐述。其中最为典型的表述，就是在《1861—1863年经济学手稿》中，当谈到资本主义对于人与物之间的关系的颠倒时，马克思所说的那段话。他指出，因为资本家的根就扎在这个异化过程中，并且他在这个过程中找到了自己的绝对满足，既然资本家作为生产过程的指挥者和监督者必须在实际生产过程中执行职能，他的活动实际上就获得了特殊的、多种多样的内容。但是，资本的自行增殖——剩余价值的创造——是资本家决定性的、占统治地位的和包罗一切的目的。资本家活动的绝对欲望和内容，实际上只是为了资本的增殖或是剩余价值的获取。这是非常贫乏和抽象的内容，它从另一方面使资本家完全同工人一样，处于资本关系的奴役下，尽管是在另一方面，在对立的一级上。

具体来说，增殖或获取剩余价值是资本生命存在的源泉，一旦资本失去增殖或获取剩余价值的功能，资本就会失去存在的价值和意义，资本的使命就会结束，资本就会死亡。但是作为物质实体，资本自身并不会实现增殖运动，所以资本必须借助于资本家的力量，依靠资本家的活动来达到自身增殖的最终目的。

对此，马克思指出，作为资本增殖这一运动有意识的承担者，货币占有者变成了资本家。他这个人，或不如说他的钱袋，是货币的出发点和复归点。价值增殖成为他的主观目的。只有在越来越多地占有抽象财富成为他的活动的唯一动机时，他才作为资本家或作为人格化的、有意志和意识的资本执行职能。因此，决不能把使用价值看作资本家的直接目的。他的目的也不是取得一次利润，而只是谋取利润的无休止的运动。这说明，某人之所以扮演资本家的经济角色，只是因为他的货币在不断地执行着资本的职能。

显然，资本家就是由于承担着并不断完成着资本价值增殖的任务，他才据此而成为资本家。资本家绝不是资本运动的主体,他也是受资本统治和支配的存在物,是资本有意识的代理人和承担者,是资本的附庸。因为资本家本身只有作为资本的人格化才是统治者,所以资本家的一切行动只是在行使资本的职能。这就像马克思所指出的那样,作为资本家,他只是人格化的资本。他的灵魂就是资本的灵魂。而资本只有一种生活本能,就是增殖自身,创造剩余价值,用自己的生产资料吮吸尽可能多的剩余劳动。资本像吸血鬼一样,只有吮吸工人的劳动才有生命。吮吸的工人劳动越多,它的生命就越旺盛。

从这个意义上说,资本家也同工人一样是资本生产的一个要素,他和工人一样也是为资本打工的人,是被资本驱使的奴隶和仆役,是为资本生产剩余价值的"宦官"。因此,他在本质上并不是作为自由而全面的人而存在的。如果资本家没有履行好资本的职能,他就会因破产而沦为工人,甚至还会失业。因而,资本家的动机,也就不能是满足自己的需要和享受,而只能是为了资本的增殖。正如马克思所说,作为资本的人格化,他同货币贮藏者一样,具有绝对的致富欲。但是,在货币贮藏者那里表现为个人的狂热的事情,在资本家那里却表现为社会机制的作用,而资本家不过是这个社会机制中的一个主动轮罢了。然而主动轮即使再"主动"，也仍然只不过是一个资本增殖的工具而已。

资本家只有作为人格化的资本，他才有历史的存在价值和存在权力。资本家只有作为人格化的资本，他才受到尊敬。资本家通过占有资本取得了社会权力，成为这种权力的执行者。但人格化的资本即资本家之所以拥有权力，只不过是资本把自身的权力委托给资本家，让资本家来替自己行使自身的权力。对此，马克思指出，资本家之所以是资本家，并不是因为他是工业的管理者。相反，他之所以成为工业的司令官，就是因为他是资本家。资本授予资本家的职能是对生产进行管理、监督和调节的职能，从而资本家才能在生产过程中指挥工人劳动，监督工人有秩序地并以应有的强度工作。

资本家在生产过程中虽然进行着指挥和控制，但他们同时必须遵守资本主义制度的客观规则，资本家个人的意志和活动都要受到资本的统治。资本的客观规定和规则控制着个别资本家的主观意愿，指挥其进行生产活动，而不管这个个别的资本家在感情上想不想、愿不愿意执行它的指令。

因此，资本家的活动实际上归根结底是受到资本严格规定的和限制的，而不是任意的自我决定。即资本家必须始终服从资本的意志、愿望和要求,遵守资本自身的规则。资本家也和工人一样,要受到竞争、资本积累和不断提高劳动生产率等法则的支配。以竞争为例,资本主义生产的发展,使投入工业企业的资本有不断增长的必要,而竞争使资本主义生产方式的内在规律作为外在的强制规律,支配着每一个资本家。竞争迫使他不断扩大自己的资本即资本积累来维持自己的资本。否则,他就会在竞争中被淘汰,甚至因破产而成为工人。

第三节　资本统治下的异化消费

在马克思看来,资本的统治在资本主义社会中无处不在,它像一个巨大的幽灵,遍布于社会生活的一切方面,不仅人们的生产活动要受到它的统治,而且人们通过消费活动对自身需要的满足,也受到它的统治。

正是在此基础上,马克思展开了对资本主义社会消费的分析与批判。马克思认为,资本主义的消费是从属于资本生产的、为资本生产剩余价值获取利润服务的消费。

在《资本论》中,马克思通过对工人和资本家消费的分析和批判，对此进行了说明。他指出，工人的消费分为生产消费和生活消费。生产消费，是在生产过程中，工人通过自己的劳动消费生产资料，并通过把生产资料转化为产品，来生产剩余价值的消费。生活消费是工人用他通过出卖劳动力而获得的货币，来购买生活资料的消费，是属于工人的个人消费。但在有些情况或场合下，工人常常被迫把自己的消费变成是生产过程中纯粹附带的事情。在这种条件下，工人给自己添加生活资料，是为了维持自己劳动力的运转。这就如同给蒸汽机添煤加水，给机轮上油一样。

所以，不论是在劳动地点以内或以外，还是在劳动过程以内或以外，工人所进行的个人消费，正像在劳动过程中或劳动过程的间歇阶段擦洗机器一样，都是资本生产和再生产的一个要素。虽然工人实现自己的消费，在主观上是为了自己而不是为了资本家，但在客观上或实质上，它只是生产过程的一个必要的要素。

资本家的消费也是从属于资本生产的。因为，资本家作为人格化的资本，他的消费动机，也就不是使用价值和享受，而是为了资本的增殖或剩余价值的获取了。在一定的发展阶段上，他的私人消费，已经习以为常地挥霍，作为炫耀富有从而取得信贷的手段，甚至成了资本家营业上的一种必要。奢侈被列入资本的交际费用。因此，在马克思看来，资本家的挥霍背后，总是隐藏着最肮脏的贪欲和最小心的盘算，他的财富挥霍和财富积累是统一的，成正比的，它们一同增加。

可见，资本主义社会中的消费，都是为了资本或资本的生产，都是为了资本获取剩余价值。对此，马克思还从使用价值和交换价值的角度作出了分析。

马克思认为，对于资本来说，商品的消费本身不是最终目的，因为这种消费属于生产过程，它本身表现为生产的要素，表现为交换价值实现的手段。也就是说，资本虽然生产和创造满足人的需要的使用价值，但这是由交换价值来决定的使用价值，即消费要受到资本生产的支配和限制，受到交换价值的统治。资本的增殖或剩余价值的获取，正是以交换价值的生产和实现为基础的。

在资本主义社会中，交换价值是包括物质生产和精神生产在内的一切生产的原则和目标，商品的使用价值彻底从属于交换价值，使用价值——符合人需要的产品从属于资本扩张和积累的要求，从属于资本无限制地追求剩余价值的本性。不论使用价值与人的需要是否一致，只有这种使用价值符合自我扩张的资本的要求，它才能够存在。

这与资本主义社会存在以前的生产与需要的关系，形成了完全不同的鲜明对比。因为在那时，生产的目的是人，是为了满足人的需要，因而生产自身是以使用价值为取向的。这是古代的生产特征与指导原则。因此，马克思指出，古代的观点与现代资本主义社会相比，就显得崇高得多。根据古代的观点，人不管是处在怎样狭隘的民族的、宗教的、政治的规定上，总是表现为生产的目的，而在现代资本主义社会中，生产表现为人的目的，而财富则表现为生产的目的。

资本主义社会的资本生产把使用价值和交换价值相分离，并且把使用价值置于交换价值的支配之下，使财富的生产成为人的目的。人的需要，完全从属于为了实现资本增殖的交换价值的再生产。资本对"用途"和"需要"丝毫不感兴趣，只对资本的增殖或获取剩余价值感兴趣。由此，以交换价值的生产和扩大再生产为目的的资本生产，打破了需求的既定界限，在很大的程度上走在了现存需要的前面，并成为对后者的强大刺激。生产的目的不是为了使人拥有和使用产品，而仅是为了使产品被人购买，即实现商品的销售从而得到剩余价值。所以，资本主义的消费从某种程度来说具有异化性质。

对于资本主义消费的异化性质，马克思是从消费对于生产的反作用这点出发，来剖析与揭示的。他指出，资本主义的消费，对于生产具有重要作用。因为消费本身虽然不生产剩余价值，但却是实现剩余价值的条件。消费是通过消费掉商品，产生出剩余价值。资本主义的生产，一开始就包括了生产消费和个人消费。资本的运动过程自然也包括消费，因为商品，即产品，必须出售。

因此，消费虽然由生产决定、受生产支配，但生产对消费反过来也同样具有依赖性。因为没有需要，没有消费，也就没有生产，而消费则把需要再生产出来，使生产具有目的性。因而消费创造出生产的动力，创造出在生产中作为决定目的的东西而发挥作用的对象。

随着生产能力的提高，资本不断地扩张并且不断地生产出新的消费，这就要求在流通领域内扩大消费范围。第一，要求在量上扩大现有的消费；第二，要求把现有的消费推广到更大的范围来造成新的需要；第三，要求生产出新的需要，发现和创造出新的使用价值。

由于交换价值以使用价值为载体，所以，它只有通过使用价值的不断更新，才能保存自己。使用价值只有不断更新，不断再生产，才能长久保持资本价值增殖的目的。因此使用价值必须在一定时间内变换它们旧的使用形式，以便在一种新的使用形式上继续存在。而使用价值以商品形式出售，由此进入生产消费或个人消费，是它们的再生产不断更新的条件。并且，因为商品作为使用价值的存在，如果在一定时期内没有进入消费领域即没有被售出，它们就会变坏，丧失掉自己的使用价值，同时交换价值也就无法被实现，进而剩余价值也就无法被获得。一种商品越容易变坏，就越要在生产出来后就赶快消费掉，也就是赶快卖掉。这就要求资本要在量上扩大现有的消费，要求资本要不断地寻找到消费者。

马克思还指出，资本家为了把现有的消费推广到更大范围，来造成新的需要和生产出新的需要，发现和创造出新的使用价值，资本就要探索整个自然界，以便发现物的新的有用属性。资本家会普遍地交换各种不同国家和地区的产品；采用新的方式（人工的）加工自然物，以便赋予它们新的使用价值；资本家要从一切方面去探索地球，以便发现新的有用物体和原有物体的新的使用属性，等等。一句话，资本家为了使资本增殖或获取剩余价值，他们会尽可能地研制新的产品，创造并满足人的多种多样的需要，以促进人对于产品的购买欲，从而促进产品的销售。

例如，资本家会不顾一切地寻求各种办法，来刺激工人的消费，使自己的商品具有新的诱惑力，强迫工人有新的需求。这是因为，人数众多的工人以消费者的身份出现将会从根本上扩张市场，提升商品的销售数量。因此，每个资本家虽然要求他自己的工人节约（这样他可以少支付一些工资），但却绝不要求其余对他来说是消费者的一切工人的节约。每一个资本家都希望其他资本家的工人，能够成为自己商品的尽可能大的消费者。于是资本家产生了这样的想法：即除了自己的工人以外，其余的整个工人阶级对他来说都不是工人，而是消费者和交换者，是货币的所有者和支出者。他们用货币来换取资本家的商品，从而使资本的交换价值得以保存和实现。

显然，每一个资本家都想在其他资本家的工人身上为自己创造出消费者。对于他们来说，在消费领域内，工人是通过消费实现资本生产和剩余价值的非常重要的因素。所以每一个资本家都会把原本不属于人的真正需要的东西强加于工人——当然也会强加于其他资本家，这就使消费具有了异化性质。

关于这一点，早在《1884年经济学哲学手稿》中，马克思就已经以大段的文字阐述过了。他说道，在私有制范围内，每个人都千方百计在别人身上唤起某种新的需求，并使他追求新的享受方式。每一个新产品都是相互欺骗和相互掠夺的新的潜在力量。产品和需要的范围的扩大，成为非人的、过分精致的、非自然的和臆想出来的欲望。私有制不能把粗陋的需要变为人的需要。它的理想主义不过是幻想、任意的奇想、突发的怪想。工业的宦官即生产者厚颜无耻地用更卑鄙的手段来骗取货币，从自己按照基督教教义去爱的邻人的口袋里诱取黄金鸟。即每一种产品都是人们想用来诱骗他人货币的诱饵；每一个现实的可能的需要都是使苍蝇飞进涂胶杆的弱点；每一项急需都是一个机会。也就是说，工业的宦官顺从他人的最下流的念头，充当他和他的需要之间的牵线人，激起他病态的欲望，默默盯着他的每一个弱点，然后要求对这种殷勤服务付酬金。

可见，为实现剩余价值的无限制地获取，资本不断地以人为创造出来的需要，有些甚至是"虚假的需要"，而不是消费者实际需要的商品，让其去购买和使用，从而通过交换实现价值并获得剩余价值。这意味着商品只要交换成功、其交换价值只要得到实现即可。而后商品是否被使用和怎样被使用，资本对此是漠不关心的——因为商品的交换价值丝毫不会因为它们的使用价值得到某种更有效的利用而有所增加。资本的增殖就是在这种不仅是满足真实的需要，而且是通过创造幻想的和人为的欲望来完成的。由此消费已不再以人的真实的感性需要为本位，而是完全以资本的增殖为本位，完全为资本服务。从这个角度来说，资本主义的消费实质上就是一种异化消费。

第四节　拜物教：资本统治在意识中的反映

在资本主义社会中，资本的统治无处不在，这是因为，在资本主义社会，至关重要的社会关系即生产关系，不再直接以统治和奴役的人与人之间的关系表现出来，而是把自己伪装在物与物的关系之间、劳动产品与劳动产品的关系之间。这种社会关系对人的统治与奴役，通过物体现出来，再在人们意识和思想中反映出来，就是拜物教观念。对此，马克思说道，要找一个比喻，我们就得逃到宗教世界的幻境中去。在那里，人脑的产物表现为赋有生命的独立存在物。在商品世界里，人手的产物也是这样。马克思把这叫做拜物教。

马克思在这里所说的拜物教主要是指对商品、货币、资本等社会之物的崇拜和信仰，把物视为自己存在的意义和生命的归属之所在，从而对物进行顶礼膜拜，物由此取代了上帝和神的位置而成为"物神"。马克思运用拜物教理论对这种拜物教意识形成过程进行了揭示，对资本主义社会生活的异化过程予以了批判。他阐明了拜物教的三种具体表现形式，即商品拜物教、货币拜物教和资本拜物教。

一、商品拜物教

对于商品拜物教，在《资本论》第一卷第一篇第一章的最后，马克思专门设立了一个目——"商品拜物教的性质及其秘密"，来进行阐释。

马克思指出，商品乍一看来似乎是一种简单而平凡的存在，因为从商品的使用价值来看，无论是从它依靠自己的自然属性来满足人的需要，还是从它作为人类劳动产品才具有这些属性的这两个角度来考察，它都不存在任何神秘的地方，但对商品进行进一步的分析后，就会发现它是一件很古怪的东西，"充满了神学的怪诞"。例如，用木头做的桌子，木头的形状虽然发生改变，可桌子还是木头，一个普通的可以感觉的物。然而，当桌子一旦作为商品出现，它就变成一个可感觉而又超感觉的存在。这就是说，劳动产品一旦采取了商品的形式，就获得了一种神秘的性质。

马克思认为，商品的使用价值与商品的价值规定的内容，都不是产生商品的神秘性质的根源。那么商品这种谜一般的性质究竟是从哪里来的呢？它来自于商品的社会形式。即从这可以寻找到商品产生谜一般性质的答案。商品的社会形式显示的是人的关系，在商品的特定社会形式中，透过商品的社会形式显示出的是劳动的社会性质，即人的关系通过物的关系表现出来。

具体来说，在商品经济中，私人劳动与社会劳动是对立的，生产具有私人性质，而产品自身价值的实现具有社会性质。由于私人劳动采取了价值形式，使独立的生产主体的千差万别的个别劳动获得了社会劳动的等同性，即依靠社会必要劳动时间这一价值形式来统一量度，把这些彼此之间缺乏直接的社会联系的人重新联系起来，从而能够在市场上进行劳动产品的交换。这样人与人之间的内在直接的社会生产关系只有通过商品与商品之间的、物与物的外在间接的关系颠倒地表现出来。

对此，马克思这样阐释道：商品奥秘的形式仅仅在于，在人们面前，商品形式把人们本身劳动的社会性质显示为劳动产品本身的物的性质，显示为这些物的天然的社会属性，从而把生产者同总劳动的社会关系，显示为存在于生产者之外的物与物之间的社会关系。正是由于这种转换，劳动产品成为了商品，成了可感觉而又超感觉的物或社会的物。打一个比方说，这就像一物在视神经中留下光的印象，这种光的印象不是表现为视神经本身的主观兴奋，而是表现为眼睛外面的物的客观形式。但是在视觉活动中，光的确是从一物射到另一物，即从外界对象摄入眼睛。这是物理之物之间存在的一种物理关系。而商品形式和它借以得到表现的劳动产品的价值关系，则同劳动产品的物理性质以及由此产生的物的关系完全无关。它只是人们自己的一定的社会关系在人们面前采取了物与物的虚幻形式罢了。

因此，拜物教是同商品生产分不开的，劳动产品一旦作为商品来生产，就带上拜物教的性质。也就是说，商品拜物教的性质，是根源于生产商品所特有的劳动的社会性质。这是因为：使物品成为商品，只是由于这些物品是彼此独立进行的私人劳动的产品。这种私人劳动的总和构成社会总劳动。单个生产者只有通过交换他们的劳动产品才能与社会发生接触。所以，他们的私人劳动具有的独特的社会性质，也只有在交换中才得以表现出来。换句话说，由于交换使劳动产品之间、使生产者之间发生了关系，才使私人劳动在事实上成为社会总劳动的一部分。所以，在生产者面前，他们的私人劳动的社会关系，不是表现为人们在自己劳动中的直接的社会关系，而是表现为人们之间物的关系和物之间的社会关系。

由此，人与人的关系颠倒地采取了物与物的关系的虚幻形式，劳动的产物似乎具有某种独立的生命，彼此发生关系并同人发生关系，这就产生了一种神秘倒错。由于不能认清颠倒了的物化社会关系，人们就把劳动产品本身所承载的社会生产关系，当作是劳动产品本身所具有的自然属性，这导致的结果就是商品成了超感觉的、神秘莫测的东西。这就是商品拜物教发生的真实根源，生产商品所特有的社会性质决定了商品世界的拜物教性质。

马克思对于商品拜物教的揭示，正如列宁所说的那样，凡是资产阶级经济学家看到物与物之间的关系的地方（商品交换商品），马克思都揭示了人与人之间的关系。在马克思看来，商品拜物教反映的是商品生产者与商品的关系，个人的自我价值得到确认和认同,发生于商品的相互依赖关系中。商品生产者在商品交换中,一种商品只有求助于另一种商品,才能表现自己的价值,因而另一种商品就成为这种商品的等价物,即另一种商品是这种商品的价值的反映,是这种商品价值的镜子。

所以,在商品经济社会中,每个人只对占有商品感兴趣,因为只有商品才能满足他的需求,体现他的尊严和价值。这意味着,资本主义社会之所以会有商品拜物教,是因为人们不知道隐藏在商品背后的社会劳动的真实性质,他们把物本身看成是社会性的根源,赋予商品无所不能的魔力,认为商品能够满足人的所有需要,从而陷入对商品的崇拜。

商品拜物教只不过是一种历史的产物,它只是在一定历史发展阶段下特有的现象。对此,马克思通过对使用价值和交换价值、具体劳动和抽象劳动进行分析,对商品拜物教由此生产的历史基础进行了指证。马克思指出,商品具有使用价值和价值。一个商品,表现为这样的二重物,只是由于它的价值取得交换价值形式,这是一个特别的、不同于它的自然形式的表现形式。独立地考察,它绝没有这种形式,而只有同第二个不同种的商品发生价值关系或交换关系时,它才具有这种形式。这是马克思对商品二重性的说明，而这种商品的二重性在马克思看来是由于劳动本身所具有的二重性造成的。

在现代商品社会中，一切劳动，都有二重性，即一方面是人类劳动力在生理学意义上耗费，这是相同的或抽象的劳动，它形成商品的价值；另一方面是人类劳动力在特殊的有一定目的的形式上的支出耗费，这是具体的有用劳动，它生产使用价值。这就是劳动的二重性——抽象劳动和具体劳动，它们分别形成了商品本身的交换价值和使用价值。而这种对劳动的二重性的区别或认定恰恰是在历史发展的过程中形成的，它不是从来就有的。所以，马克思认为，只要我们走出商品生产和商品经济即摆脱商品存在的社会条件，逃到别种生产样态中去，那么商品世界的一切神秘性以及在商品生产基础上包围着的劳动产品的一切魔法妖术，就都立刻消失不见了。

二、货币拜物教

随着商品经济的进一步发展，物对人的统治不断加深，拜物教本身也因此不断发展，以货币拜物教的形态展现出来。

对于货币拜物教，马克思指出，因为商品形式是资产阶级生产的最一般的和最不发达的形式（因此它早就出现了，虽然不像今天这样是占统治地位的、典型的方式），所以它的拜物教性质还比较容易被看透，但是在货币这种比较具体的形式中，连这种简单性的外观也消失了。也就是说，在商品拜物教形态上，当商品通过与另一种物品的关系来表现自身的交换价值时，隐藏在其中的某种社会关系还有可能暴露出来，那么在交换普遍以货币为媒介进行的阶段，人与人之间的社会关系就会消失得无影无踪了。

  进一步来说，生产交换价值的劳动特征，使人与人之间的社会关系，颠倒地表现为物与物的社会关系。作为人与人的社会关系的交换价值，被隐蔽在物的外壳之下。正是由于社会生产关系采取了物的形式，以致人和人在他们劳动中的关系，倒表现为物与物彼此之间的以及物与人的关系。这种现象只是因为人们在日常生活中看惯了，才认为是平凡的、不言自明的事情。这种神秘化在商品上还是很简单的。大家多少总能感觉到，作为交换价值的商品之间的关系，不过是人们与他们的生产活动的关系。但在比较高级的生产关系中，这种简单的外貌就消失了，这是因为货币代表着一种社会生产关系，却又采取了具有一定属性的自然物的形式。

  所以，在货币拜物教的层次上，拜物教的程度加深了，它看起来更具有神秘性。对此，马克思说，正是商品世界的这个完成的形式——货币形式，用物的形式掩盖了私人劳动的社会性质，以及私人劳动的社会关系，而不是把它们揭示出来。货币拜物教的谜就是商品拜物教的谜，只不过变得明显了，耀眼了。

为了揭开货币拜物教的迷雾，马克思进行了价值形式的分析。他认为，说明这种货币形式的起源，即探讨商品价值关系中包含的价值表现，是如何从最简单的不显眼的样子一直发展到炫目的货币形式，这是资产阶级经济学从来没有打算做的事情。而这样做所导致的结果就是货币之谜的消失。

在马克思看来，由私有财产发展到货币即货币的出现是有其历史必然性的。在社会分工的条件下，人作为喜爱交往的存在物必然发展到交换。而在存在着私有财产的前提下，交换必然发展到价值。实际上，进行交换是私有财产对私有财产之间发生的关系，而这种关系发生要通过货币这个中介或媒介。

马克思通过分析指出，当商品交换发展到一定程度时，要求一切商品都可以通过第三种商品来表现自己的价值，要求一种特殊商品从普通商品中分离出来，从而第三种商品从商品世界中分离固定地充当一般等价物，于是货币就产生了。一切商品都必须同货币相交换，而且用货币来衡量其价值量的大小。这样一来，货币就进一步用物的形式掩盖了私人劳动的社会性质，似乎货币的自然属性天然就具有能表现一切商品价值的社会属性。

随着交换的发展，货币最后被固定在金银上。在实际生活中，它以似乎金银天生就是货币这种假象表现出来。对此，马克思指出，当一般等价形式结晶为货币形式，即同一种特殊的商品的自然形式结合在一起的时候，这种假象就完全形成了。

一种商品成为货币，似乎不是因为其他商品对自己的价值的表现是通过它完成的，相反，似乎因为这种商品是货币，其他商品对自己的价值的表现才都通过它来完成。这样，中介运动在它本身的结果中消失了，而且没有留下任何痕迹。商品没有出什么力，就发现一个在它们之外、并与它们并存的商品体，是它们自身的现成的价值形态。这些物，即金和银，一从地底下出来，就是一切人类劳动的直接化身。货币的魔术就是由此而来的。

可见，货币拜物教反映的是货币和商品以及和商品生产者之间的关系。在资本主义社会中，他们的生产不是直接的社会生产，但个人的生产却是在社会中、并为社会进行生产。由于商品生产者是相互独立的私人生产者，这使他们之间只能通过相互交换自己手中的劳动产品即商品才能发生社会联系，而货币就是这种联系的中介，是商品的实际价值形态。

毫不相干的个人之间通过交换价值构成了他们相互的和全面依赖的社会联系。对每个人来说，他自己的活动或产品只有通过交换价值才成为他的活动或产品，同时他也必须生产出作为交换价值的一般产品——货币。货币所表现出来的一切性质，实质上只不过是体现了个人在参加社会生产时，或把他自己的生产当作社会生产来对待时，所具有的各种不同的社会关系。

也就是说，商品所有者相互之间把他们的劳动当作一般社会劳动来对待的关系，就表现为他们把他们的劳动当作交换价值来对待的关系。而有一种特殊的商品，可以最适当地、全面地表现这种关系。这样代表一切商品的交换价值的最适当存在的特殊商品，或者说，作为一种分离出来的特殊商品的交换价值就是货币。它是商品交换过程中本身形成的商品交换价值的结晶。

于是，一种社会生产关系表现为一个存在于人之外的物。这些个人的社会生产过程中所发生的一定关系，表现为一个物品的特有属性，这种颠倒，是一切生产交换价值的社会形式的特点。在货币上，它不过比在商品上表现得更加夺目而已。

因此，马克思指出，活动的社会性质，在资本主义社会中，不是表现为个人的相互关系，而是表现为对于个人来说是异己的东西，物的东西。活动和产品的普遍交换已经成为每一单个人的生存条件，以这种普遍交换而形成的他们的相互联系，表现为对他们本身来说是异己的、独立的东西，表现为一种物。

在交换价值上，人的社会关系转化为物的社会关系，人的能力转化为物的能力。每个人都以物的形式占有社会权力。每个人由于是交换价值或货币的所有者，他才能够行使支配别人活动或支配社会财富的权力。在他衣袋里装着的是自己同社会的联系和自己的社会权力。为此，马克思说道，个人的产品或活动首先必须转化为交换价值的形式，转化为货币，个人才能通过这种物的形式取得和证明自己的社会权力。

这说明，在资本主义社会中，货币作为物化的生产关系即交换价值，是人们相互间的物化关系。每个人都要受到独立存在的、不以他的意志为转移的关系的限制，也就是都要受到物的限制。货币由于本身的性质赋予个人对于社会，对于享乐和劳动等世界的普遍支配权。

货币作为物品是"无个性的财产"，它代表着社会权力。人们可以用货币把社会权力揣在自己口袋里。当货币被交到个人手里时，个人就以自己的身份来运用这种权力。于是，社会权力就成为私人的私有权力。

在这种条件下，劳动者所生产的产品不是为了满足自己的需要，而是为了等价物，为了货币。于是，在以货币为媒介的条件下所进行的交换，导致了人与物的关系发生了一个根本的颠倒。马克思分析说，"这种颠倒是不可避免的"。这是因为，人的社会的行动异化为在人之外的物质东西的属性，异化为货币的属性。由于这种异己的媒介，人把自己的愿望、活动以及同他人的关系，都看作是一种不依赖于他和他人的力量。这样，他的奴隶地位就达到极端。因为货币成了真正的权力，成了真正的上帝，所以，对它的崇拜就成为人的目的。通过货币交换，生产者的社会关系表现为货币的关系，货币成为支配人的力量的上帝，而人则降低为货币的奴隶。

马克思对此予以了详细的说明。他指出，商品只是作为交换价值、一般社会劳动、抽象财富的独立存在。从使用价值方面看，每种商品通过它们同一种特殊需要的关系，仅仅表现为物质财富的一个要素，表现为财富的个别方面。而货币则是抽象财富的物质存在。它作为独立的交换价值是财富本身，是财富的一般形式或一般物质代表，它可以代表一切商品，是无所不在的、永久的商品。在货币形式上，一种商品和另一种商品完全相同，看不出它是由哪种商品转化而来的。货币能满足任何需要，因为它可以直接转化为任何需要的对象。

因此，货币是"万物的结晶"，是社会财富的概括。从形式上说，它是一般劳动的直接化身；从内容上说，它是一切劳动的总汇。它从奴仆变成了主人。它从商品的区区帮手变成了商品的上帝。即货币从它表现为单纯流通手段这样一种奴仆形象，一跃而成为商品世界中的统治者和上帝。所以，货币作为现实的抽象财富，赋予个人以权力。并且随着商品流通的扩展，货币这种财富的权力也在不断地增大。

货币作为一般（万能）等价物或一般购买力，作为社会财富的代表或化身，能够购买任何东西。同时为了换取货币，一切东西都可以出售，没有任何东西是不可出售的。因为一切东西都可以通过货币而占有，所以没有任何东西是高尚的、神圣的。正如在上帝面前人人平等一样，在货币面前不存在不能估价、不能抵押或转让的，处于人类商业之外的，谁也不能占有的，神圣的和宗教的东西。也就是说，可以把包括人的名誉、良心和贞操等在内的一切东西都转化为商品；同时，只要拥有货币，就可以从市场中购买到所需要的一切，即只要拥有货币，一切便都是可能的。

对于个人来说，他占有的货币越多，他的财富也越多，从而他的权力也就越大。在以交换价值为基础进行生产的社会里，人的个性和能力的展现以及价值的体现，都要靠货币来衡量。对此，马克思说道，你的货币能办到你所不能办到的一切，它能吃、能喝、能赴舞会，能去剧院，它能获得艺术、学识、历史珍品、政治权力，它能旅行，它能为你占有这一切；它能购买这一切；它是真正的能力。从货币占有者的观点看来，货币能把任何对象相交换，货币能使冰炭化为胶漆，能迫使仇敌互相亲吻。所以就有了这样的说法：金钱真是一个奇妙的东西！谁有了它，谁就成为他想要的一切东西的主人。有了金钱，甚至可以使灵魂升入天堂。总之，钱蔑视人所崇拜的一切神并把一切神都变成商品。钱是一切事物的普遍价值，是一种独立的东西。它统治了人，人却向它膜拜。这就使得受货币关系束缚的人们对货币产生了一种幻觉，为它的神秘性质所迷惑，并对它由衷信崇。于是，商品拜物教就发展成了货币拜物教。

三、资本拜物教

如果商品拜物教和货币拜物教是一切商品经济社会所共有的现象，那么资本拜物教则是资本主义社会特有的产物。在资本主义社会，资本拜物教是拜物教意识的核心，所以，马克思的拜物教理论，在深层上所要揭示的就是资本拜物教。

马克思指出，他在论述资本主义生产方式的最简单范畴时，在论述商品和货币时，已经指出了一种神秘的性质。这种神秘性质就是，资本主义生产方式把在生产中通过各种物质要素表现出来的社会关系，变成这些物本身的属性即商品，并且更直截了当地把它变成货币。虽然在一切已经具有商品生产和货币流通的社会形式中，这种颠倒都会存在，但是在资本主义生产方式下，这种颠倒会变得更为严重。原因在于，随着资本主义生产方式的发展，资本已经变成了一种非常神秘的东西，因为劳动所产生出的一切成果，都好像不为劳动本身所有，而为资本所有，都好像是从资本自身生长出来的力量。

对于资本拜物教的揭露，马克思是通过对资本的形成及其运动形式的分析实现的。马克思认为，资本最初表现为交换和商品流通的货币。那么，货币是怎么转变成资本的呢？马克思对此进行了详细分析。他指出，在资本主义现实经济生活中，存在着两种不同的流通形式。一种是商品流通的直接形式，即W—G—W（商品—货币—商品）。这是一种为买而卖的形式，它实现的是商品转化为货币，货币再转化为商品的过程。另一种形式是G—W—G（货币—商品—货币）。这是一种为卖而买的形式，它实现的是货币转化为商品，商品再转化为货币的过程。在后一种流通形式中，货币通过运动转化为资本。

在W—G—W这种流通中，货币被花掉，它的最终目的是获得使用价值，进行消费。而在G—W—G这个相反的形式中，货币进入流通，只是为了重新得到它，货币只是被预付出去了，它的动机和目的是为了交换价值本身。G—W—G这个过程的完整形式是G—W—G′，其中的G′=G+′G，即等于原预付货币额加上一个增殖额。马克思把这个增殖额或超过原价值的余额叫做剩余价值。由此可见，原预付货币不仅在流通中保存下来，而且还在流通中改变了自己的价值量，加上了一个剩余价值，或者说增殖了。因此，正是这种运动使价值转化为资本。

在G—W—G流通中，价值成为整个过程的自动的主体，在这个运动中永不消失，以商品形式和货币形式交替出现，不断地改变着自己的量，自行增殖着。既然它能在运动中自己产生剩余价值，那么它的增殖也就是自行增殖，因此它具有获得创造价值的奇能。对此，马克思说道，它会产仔，或者说，它至少会生金蛋。由此，货币成了能生钱的钱，即资本。

因此，G—W—G′被马克思称为流通领域里出现的资本的总公式，如果把这个公式简化一下，就出现了G—G′，也就是生息资本。在生息资本上，资本关系取得了它最表面和富有拜物教性质的形式。生息资本作为能生钱的钱，在马克思看来，是"纯粹的拜物教形式"、"自动的拜物教"，"物神"的神奇在此达至顶点。因为，在"资本—利息"这个形式上，一切中介都消失了，资本归结为它的最一般的、但因此也就无法从它本身得到说明的荒谬的公式。

马克思对此进行了详细的剖析。他指出，在生息资本中，我们看到的只是G—G′，是生产出更多货币的货币，是没有经过中介作用过程而自行增殖的价值。如果说在G—W—G′的形式上，至少还存在着资本主义运动的一般形式，利润还能反映出是一种社会关系的产物,而不是单纯物的产物,那么在生息资本的形式上,这种运动就消失不见了。资本本身总是表现为会直接自行增殖的价值。因为在这里,资本的最初起点,G—W—G′公式中的货币,已归结为G—G′,其中G′=G+′G,即创造更多货币的货币。这是已经被缩简为没有意义的简化式的资本最初的一般公式。在生息资本的形式上,没有生产过程和流通过程作中介,资本表现为利息这个资本自身增殖的秘密和富有自我创造力的源泉。

马克思因此说道,一旦这个公式转化为"资本—利息"的公式,一切联系就更看不出来了,现在,物(货币、商品、价值)作为单纯的物已经是资本,资本表现为单纯的物,在生息资本上,这个自动的物神,自行增殖的价值,会生出货币的货币,纯粹地表现出来了,并且在这个形式上,再也看不到它的起源的任何痕迹了。社会关系最终成为一种物即货币同它自身的关系。因为资本从G—G′这个形式所显示的,不是货币到资本的实际转化,而只是这种转化没有内容的形式。货币本身在可能性上已经成为会自行增殖的价值。创造价值和提供利息成了货币的属性,马克思在此把它比喻成像梨树的属性是结梨一样。

这意味着，在生息资本这个形式上，资本成为价值创造的独立源泉，资本取得了它的纯粹物神的形式，资本成为一个主体，一个可出售的物。这是因为：一、资本不断地以货币的形式存在，资本的一切规定性在此形式上都已经消失，它的现实要素也看不出来了。在资本以货币存在的形式上，商品作为使用价值的差别消失了，由这些商品和它们的生产条件所构成的各种产业资本的差别也消失了。在这个形式上，价值即资本是作为独立的交换价值而存在的。二、资本所生产的剩余价值，在这里又是在货币形式上，表现为资本本身应得的东西。这就如同生长表现为树木固有的属性一样，生出利息即货币表现为资本在货币资本形式上固有的属性。

至此，资本的物神形态和资本物神形态的观念已经完成。在G—G′上，我们看到了资本的没有内容的形式，看到了生产关系的最高度的颠倒和物化。在生息资本这种形态中，货币或商品具有独立于再生产之外而增殖本身价值的能力。由于在生息资本中，资本的运动被简化，中介过程被省略，结果资本只是被表现为物。在此，资本的神秘化取得了最显眼的形式。

对此，马克思说道，在生息资本中，货币只要被贷放出去，或者投到再生产过程中去，那就无论它是睡着，还是醒着，是在家里，还是在旅途中，利息都会日夜长到它身上来，因此，货币现在"害了相思病"。这就会导致把资本看成是一种会自行再生产、或在再生产中自行增殖的价值，看成是一种永远保持和增长的价值，并且认为它的价值增殖是它的天生的属性。

这种观念完全不顾再生产和劳动的条件，把资本看作是自行运动的机器，看作是一种纯粹的、自行增长的数字。马克思就此评论道，这种观念使一些人产生了荒诞无稽的幻想，即生息资本天生的性质就是自行增殖：生复利的钱，起初增长得很慢，以后就不断加快，过了一段时期之后，其速度就超出任何想象。一个便士，在耶稣降生那一年以5%的复利放出，到现在会增长成一个比1.5亿个纯金地球还要大的数目。一个先令，在耶稣降生那一年以6%的复利放出（大概是投放在耶路撒冷的圣殿），会增长成一个比整个太阳系——假设它变成一个直径同土星轨道的直径相等的圆球——所能容纳的还要大的数目。

资本本来是一种生产关系，但是在生息资本的形式上，取得了它的最异化的特别形式。在这里，资本的社会关系及其社会历史属性都不存在了，资本拜物教的观念完成了。马克思指出，就资本作为生息资本的属性来说，一切能生产出来的财富都归资本所有。资本自行再生产的性质，即自行增殖的价值，剩余价值的生产，显示出了一种神秘的性质。按照这个观念，积累的劳动产品，而且是作为货币固定下来的劳动产品，由于它天生的秘密性质，作为纯粹的自动体，具有按几何数级生产剩余价值的能力。利息看起来成了既与工人的雇佣劳动无关、也和资本家自己的劳动无关的、来自于资本的东西。

但是，如果从剩余价值的产生来对这个公式进行考察，那么，上面那些虚伪的假象和错觉、生产关系的物化、日常生活的宗教，就都会被揭穿。

马克思通过分析剩余价值产生的真实根源，揭开了剩余价值的秘密，从而破解了资本拜物教。如前所述，在马克思看来，所谓剩余价值是由工人在生产过程中创造的，是被资本家所无偿占有的那部分价值。资本主义的生产，主要表现为在生产过程中物对人的直接统治，表现为资本对劳动的剥削。剩余价值的产生，实质上只是过去的劳动产品同工人接触，剥削雇佣工人劳动的结果。这种过去的劳动产品对于工人剩余劳动的支配权，只能是在一定的社会关系即资本主义生产关系存在的时期内，才得以实现。因为在这种社会生产关系中，过去的劳动独立地同工人相对立，并支配着工人进行生产来获取剩余价值。在资本拜物教中，资本以一种权力表现出来。资本作为社会财富是由工人创造的，但却与工人分离成为统治工人的权力，并且这种权力随着资本的发展而不断增长。

马克思通过对资本拜物教的剖析，揭露和批判了资产阶级的意识形态。在资本主义社会，为了维护资产阶级的利益，对于资本的拜物教观念，也就是关于这种观念的永恒性，统治阶级自然会千方百计地来加强、扶植和灌输。这种在资产阶级政治经济学中的拜物教意识形态，最为典型的就是庸俗政治经济学理论上的三位一体公式。三位一体公式可被准确地概括为：资本—利息，土地—地租，劳动—工资。这个公式实质上排除了以剩余价值形式存在的利润，而对剩余价值的生产，正是资本主义生产方式的本质特征。

马克思指出，在这个三位一体的公式中，资本被作为物质实体来看，即单纯被作为生产资料来看，因此它作为同工人的关系被去掉了。资本表现为劳动资料的自然形式，从而表现为纯粹物的性质。结果，资本和生产出来的生产资料就变成了同义词。而资本作为劳动资料本身，也就成了利润的源泉。劳动资料在资本主义生产过程中所具有的社会历史性质，也就成了它们的自然的、一向就有的或天生固有的物质性质了。

也就是说，资本中所包含的人与人之间的关系被颠倒和指认为物。所以，马克思说道，在资本—利润（或是资本—利息），土地—地租，劳动—工资，三位一体的公式中，资本主义生产方式的神秘化，社会关系的物化已经完成。这使世界成为一个着了魔的、颠倒的、倒立着的世界。在这个世界里，资本先生和土地太太，作为社会的人物，同时又直接作为单纯的物，在兴风作浪。

第三章　追求人类解放的科学分析方法

马克思认为,共产主义可以使个人从资本的统治中摆脱出来,使人获得全面的自由和解放。而关于马克思所追求的共产主义,人们有两种截然不同的评价。

一种观点认为,马克思的共产主义学说是虚无缥缈的、具有乌托邦性质的学说。这其中的典型看法就是认为马克思的共产主义学说具有宗教性。在一些人看来,马克思主义之所以有影响,几乎完全是由于它发挥了一种宗教的作用,它的功效具有一种宗教的性质,它是一种具有"盲目信念"的学说。马克思与基督教思想家具有共同的思想和感情的核心——人本主义。还有人把马克思的共产主义思想与奥古斯丁联系在一起,指出虽然奥古斯丁关心的是基督教,马克思关注的是社会主义,但实质上他们都"强烈地投合一般被压迫者和不幸者",并对此作出了一系列类比,认为"威亚=辩证唯物主义救世主=马克思选民=无产阶级教会=共产党耶稣再临=革命地狱=对资本家的处罚基督作王一千年=共产主义联邦"，因此马克思的共产主义是一种"预言式的救世主义"。显然，上述观点实质上都是把马克思的共产主义学说宗教化，从宗教意义上来对其予以理解和把握。

另一种观点认为，马克思的共产主义学说不是乌托邦性质的，而是以对资本主义社会现实的科学理论分析为基础和依据建立起来的。它是与乌托邦学说恰恰相反的、具有反乌托邦的性质学说。对此，列宁指出，运用最彻底、最完整、最周密和内容最丰富的发展理论去考察现代资本主义，是马克思的全部理论。马克思正是用这个理论去考察资本主义即将到来的崩溃和共产主义的未来发展。马克思丝毫不想制造乌托邦，不想凭空猜想无法知道的事情。美国当代著名经济学家熊彼得认为，马克思的共产主义学说不是无中生有的杜撰，而是在对资本主义社会现实进行科学分析的基础上，根据事实得出的结论，因此对马克思的理论缺乏科学性的批判是对马克思的不公正，这一点可以通过分析马克思的论据来证明，他的论据在任何地方都是以社会事实为根据的，其中包含着社会科学。对马克思来说，社会主义不是抹杀所有其他生活色彩，并制造对其他文明怀有不健康和愚蠢的、憎恨的偏见，所以有理由把马克思的那种社会主义思想和社会主义意志称为科学社会主义。就马克思断言资本主义的发展将毁灭资本主义社会基础这点而言，他的结论是正确的。

实质上，马克思对共产主义作出的是具有科学性的论证。他的共产主义学说不是空想的乌托邦性质的学说，而是一种科学理论。这种理论的科学性首先体现在，马克思的共产主义结论，是以科学的历史唯物主义为基础，同时运用辩证法对资本主义进行辩证地分析而得出的。

第一节　历史唯物主义方法的运用

在马克思的一生中，有两个伟大的发现，一个是剩余价值理论，另一个就是历史唯物主义理论。这是马克思在他的一生中所取得的最伟大的功绩。通过剩余价值理论，马克思揭露了资本主义生产方式的独特性质，对资本主义制度的剥削性质予以了阐明。通过历史唯物主义理论，马克思用生产力决定生产关系、经济基础决定上层建筑的基本原理和关于人类历史发展动力的学说，科学地揭示了资本主义必然灭亡和共产主义必然胜利是不以人的意志为转移的客观规律。这样，共产主义就不再是天才的猜测和主观的臆想，而是成为科学的结论。恩格斯对于马克思的上述观点曾指出，现代的唯物主义，它和过去相比，是以科学社会主义为其理论终结的。

具体来说，马克思的历史唯物主义理论认为，整个人类历史的发展，都是由生产力的发展所决定的，即社会形式随着生产力的不断发展，实现从低级到高级的发展。生产力决定生产关系，经济基础决定上层建筑，这是社会历史发展的基本规律。在一个社会的发展过程中，起初生产关系都会促进生产力的发展。但到生产力发展到一定程度以后，生产关系就不再适应生产力的发展了，由促进生产力发展的力量转变为阻碍生产力发展的力量。结果已成为生产力发展阻碍的旧的生产关系，就会被能够适应比较发达的生产力的新的生产关系所取代。而新的生产关系又会随着生产力的发展变成生产力的桎梏并被其他新的生产关系所代替。

这表明，生产力的世代演进，必然要求生产关系和其他社会关系作出相应的改变。马克思对此说道，社会关系和生产力密切相连，手工磨产生的是封建主为首的社会，蒸汽磨产生的是工业资本家为首的社会。也就是说，随着新生产力的提高，人们改变自己的生产方式，随着生产方式的改变，人们就会改变自己的一切社会关系。这是因为,人们为了保存已经取得的文明成果或果实,使其不被毁灭,当他们的生产关系与已经存在的生产力不再适应时,人们就必须对之予以改变,由此使一切社会关系都随之发生变化。

后来马克思把这种历史唯物主义观点总结为:人们在自己生活的社会生产中发生一定的、必然的、不以他们的意志为转移的关系,即同他们的物质生产力的一定发展阶段相适合的生产关系。社会的物质生产力发展到一定阶段,便同他们一直在其中活动的现存生产关系发生矛盾。于是这些关系由生产力的发展形式变为生产力的桎梏。那时社会革命的时代就到来了。无论哪一种社会形态,在它所能容纳的全部生产力发挥出来以前,是绝对不会灭亡的;而更高级的生产关系,在它存在的物质条件,在旧的社会胎胞里成熟以前,是绝不会出现的。在这种社会历史发展规律的支配下,人类社会的发展从总体上说,依次会经历原始社会、奴隶社会、封建社会、资本主义社会和共产主义社会(社会主义社会是共产主义社会的初级阶段)几种社会形态。

马克思正是以历史唯物主义为基础,对人类历史进步抱有绝对的信心。进一步来说,这种信心来自于,他认为生产力在社会发展过程中作为推动历史发展的根本动力和原因，具有积极的作用。他相信随着生产力的发展，必然使生产力和生产关系产生矛盾与冲突，导致旧的社会形式必然被另一种比它更高级的社会形式所取代，从而推动历史不断向前发展。

　　正是从这种基本立场出发，马克思认为，资本主义社会作为人类社会发展的一个环节、一个阶段，它的内部也存在着自身不可解决的生产力与生产关系的基本矛盾，因而导致它向更高级的社会形态——共产主义社会的转变和发展。在马克思看来，当资本主义生产力的发展达到一定程度以后，就会使资本主义的生产关系不再适应生产力的发展，变成对生产力发展的一种限制。这时，资本主义的雇佣劳动制度就会如同历史上曾经出现过的行会制、农奴制、奴隶制一样，必然会作为桎梏被摆脱掉。于是，人类活动所采取的最后一种奴隶形式，即一方面存在雇佣劳动，另一方面存在资本的这种形式就要被摆脱掉，而这种结果是同资本主义生产方式的自身所产生的结果。

　　也就是说，在马克思的历史唯物主义理论看来，在未来，资本主义必将灭亡并被共产主义所取代。马克思的这种推断是对资本永恒存在想法的沉重打击。这与那些被资本主义观念本身所束缚的资产阶级政治经济学家的典型观点，是根本不同的、甚至完全相反的观点。

按照历史唯物主义的观点，现代资本主义只是人类历史发展过程中一个暂时的阶段。但它被资产阶级政治经济学家视为永恒的、最终的阶段。这种看法已经在古典政治经济学著作中得到了详细的理论证明。马克思对此说道，资产阶级经济学家虽然看到了生产在资本关系中是怎样进行的，但是他们看不到这种关系本身是怎样被生产的，同时看不到这种关系中又怎样同时创造出瓦解这种关系的物质条件，从而看不到这种关系作为经济发展的、社会财富生产的必要形式的历史根据是怎样被消除的。资产阶级经济学家把资本主义生产等同于人类社会的一切历史时代的生产，认为资本主义是非历史的。他们为了证明现存社会关系的永存与和谐，就极力用其"全部智慧"把一定社会发展阶段上的生产抽象地等同于生产一般，而忘记历史发展过程在它的各个阶段上是有本质差别的。他们抹杀一切历史差别、把一切社会形式都看成是资产阶级社会形式。其典型表现就是把资本定义为物，按照这种说法，资本存在于一切社会形式中，成了某种完全非历史的东西。因此，资本主义生产关系就被说成是永恒的自然规律。

马克思的历史唯物主义，使他坚信资本主义必然灭亡，并在此基础上对资本"永恒化"的倾向进行了持之以恒的批判。这种批判是马克思通过研究政治经济学考察资本发展对自身所产生的威胁和破坏作用，并从中得出共产主义社会有实现的可能性来完成的。他指出，对资本主义生产方式的科学分析，证明了资本主义生产方式是一种特殊的、具有独特历史规定性的生产方式，它和任何其他特定的生产方式一样，把社会生产力及其发展形式的一个既定的阶段作为自己的历史条件，而这个条件又是一个先行过程的历史结果和产物，并且是新的生产方式可以产生的既定基础；同这种独特的、历史规定的生产方式相适应的生产关系，即人们在他们的社会生活过程中、在他们的社会生活的生产中所处的各种关系，具有一种独特的、历史的和暂时的性质；最后，分配关系本质上和这些生产关系是同一的，是生产关系的反面，所以二者共有同样历史的、暂时的性质。

第二节 辩证法的运用

马克思对资本主义必然灭亡、共产主义必然实现的探索、研究和论证，所使用的方法除了历史唯物主义之外，还有一种方法就是辩证法。

关于自己对辩证法的理解，马克思在《资本论》中作出了清楚的阐释，他指出，辩证法在对现存事物的肯定的理解中同时，包含对现存事物的否定的理解，即对现存事物的必然灭亡的理解；辩证法对每一种既成的形式都是在不断的运动中，因而也是从它的暂时性方面去理解；辩证法不崇拜任何东西，按其本质来说，它是批判的和革命的。对此，有人评价道，马克思理论辩证的核心主要表现为这样一种观点，即认为事物内在的本性是能动和斗争的，而不是呆滞的和静止的，因此要在事物内部寻找其"矛盾性"属性。

马克思在以《资本论》为代表的一系列政治经济学批判的著作中，通过运用辩证法对资本主义进行了批判性分析，既揭开了资本主义的神秘面纱，也证明了它不可避免的崩溃。

也就是说，通过运用辩证法，马克思用辩证的态度看待资本主义社会，对资本主义社会的内部矛盾进行揭示，发现了共产主义得以实现的现实根据。这就是他本人所说的"在批判旧世界中发现新世界"。"在批判旧世界中发现新世界"，是马克思对于辩证法应有的批判方式的最为明确的概括，马克思不想教条式地预料未来，不想到书斋中去寻找一切谜底。他认为他的任务不是推断未来和宣布一些在将来任何时候都适合的一劳永逸的决定，而是要"对现存的一切进行无情的批判"。

对现存的一切进行无情的批判，并不意味马克思要对他所处的现实世界——资本主义社会予以全盘的否定，而是要对其作出辩证的批判，即包含着肯定的否定与批判。这点从马克思的著作中可以看出来。

在马克思的思想中，这种辩证的批判可以说是随处可见。如，1856年在英国伦敦，马克思在《人民报》创刊纪念会上发表演说时曾指出："在我们这个时代，每一种事物好像都包含有自己的反面。我们看到，机器具有减少人类劳动和使劳动更有成效的神奇力量，然而却引起了饥饿和过度的疲劳。财富的新源泉，由于某种奇怪的、不可思议的魔力而变成贫困的源泉。技术的胜利，似乎是以道德的败坏为代价换来的。随着人类愈益控制自然，个人却似乎愈益成为别人的奴隶或自身的卑劣行为的奴隶。甚至科学的纯洁光辉仿佛也只能在愚昧无知的黑暗背景上闪耀。我们的一切发现和进步，似乎结果是使物质力量成为有智慧的生命，而人的生命则化为愚钝的物质力量。现代工业和科学为一方与现代贫困和衰颓为另一方的这种对抗，我们时代的生产力与社会关系之间的这种对抗，是显而易见的、不可避免的和毋庸争辩的事实。"

正是对资本主义的辩证理解，使马克思在理论上优越于以往及同时代乃至现在对资本主义进行说明和评价的其他理论家。对此，有的西方学者指出，对于资本主义，马克思既赞美它所取得的巨大成就，同时又对它予以无情的谴责。马克思在前一方面超越了未来主义，在后一方面超越了反资本主义的浪漫派。这是因为，唯独马克思主义旗帜鲜明地坚持了辩证法思想。还有的西方学者指出，马克思很早就注意到了资本主义所蕴含的矛盾，认为它同时产生解放与压抑、进步与倒退、财富与贫困等互为物质条件的一系列后果，这就使马克思在对待资本主义的问题上具有不同于其他理论家的独特立场。马克思要发挥一种特殊的思考方法，既能掌握资本主义彰明在目的劣根性，同时又能深切了解异乎寻常、独具解放动力的优点。

在马克思看来，对于资本主义，必须要进行辩证的研究与理解，而不是对其持完全的否定态度。他认为，无论资本主义存在着多么大的问题和弊端，但是必须承认，它在历史发展过程中起到过巨大的进步作用。就此而言，资本主义也有它存在的合理性，应该对它予以肯定。因此，即使在宣布资本主义未来死刑的时候，马克思也从不否认它在历史上存在的必要性。

正是从这种辩证的立场出发，马克思才得出资本主义自身是存在着矛盾的看法，并从资本主义自身的矛盾中去寻求共产主义得以实现的可能性，马克思才认为对资本的分析是十分必要的。就此，他指出，资本是资产阶级社会的基础，明确地弄清这个资本主义关系得以存在的基本前提，就必然会得出资产阶级生产的一切矛盾，并必然会得出这种关系超出它本身的那个界限。

由此，资本主义成为马克思一生的研究主题。马克思把他一生的大部分时间，都用在研究资本主义的发展动力，以及发现这些动力将最终导致资本主义的灭亡和共产主义实现的这个问题上。马克思认为，资本主义不是永恒的，而是可以改变的，必须用辩证思维方式从资本主义社会的内部去寻找资本主义的局限性，从而探求未来新社会产生的可能性。所以，马克思在探讨资本主义时，既把它视为一个巨大的历史进步，同时也视为一种最终自我毁灭的体制。正是马克思的辩证法，使马克思理解了资本主义，使他发现了打开资本主义大门的钥匙，并完成了深刻理解资本主义的任务。

也就是说，马克思对于共产主义的考察，是与资本主义密切地联系在一起的。他看到了真正的共产主义形成于资本主义的内部，认为共产主义是由于资本主义内在矛盾的发展，最终使资本主义自己反对自己、自己否定自己所产生的必然结果。

在马克思看来，资本主义社会不是坚不可摧的永恒存在物，而是一个能够变化并且经常处于变化过程中的社会。由于资本本身是一个活生生的矛盾，它自身就是资本主义社会发展的真正限制，是资本主义社会发展的唯一祸害。因此，资本主义社会自身就蕴含着向共产主义社会转变的"变革酵母"。资本主义社会终结的根源就在于资本主义社会所具有的矛盾，这是结束资本主义制度的现实基础。

马克思认为，资本自身的发展趋势一开始就构成了一个存在着自身无法解决的矛盾的问题体系。正是从资本自身发展中存在的矛盾构成的资本自己反对自己的性质中，马克思看到了资本主义社会的灭亡和共产主义社会建立的可能。

对此，马克思指出，资本主义生产是在矛盾中运动的。虽然这些矛盾被不断克服，但又不断地产生出来。这就导致资本主义在发展过程中对自身产生了限制。这些矛盾在资本发展到一定阶段时，会使人们认识到资本主义本身的弊病，因而终止资本主义制度。

而资本主义制度对自身的限制，用马克思的话来说就是，资本主义社会中的一切事物的发展，都是对立地进行的，生产力、一般财富、知识等等的创造，都表现为对从事劳动的个人（工人）的压迫和统治。但是资本主义的这种对立是暂时的，它会产生出消灭它自身的现实条件。由于资本主义生产自身的必然发展趋势，造成了对自身的否定。这种否定不是重新建立私有制，而是在资本主义时代的成就的基础上，重新建立个人所有制即共产主义。

因此，在马克思看来，对于那些采用科学社会主义与历史唯物主义观点的人来说，不需要实现什么理想，而只需要解放那些由旧的正在崩溃的资产阶级社会本身孕育着的新社会因素即可。

可见，马克思通过辩证法对资本主义社会内部自身矛盾的揭露和批判，指出了共产主义社会得以实现的现实基础与根据。他预见到了正是资本主义自身的发展，最终会导致它走向毁灭。他在资本主义范围内发现了他批判和消灭资本主义的阿基米德点。在马克思那里，要理解共产主义，就要首先对资本主义作出理解，因为共产主义就是在资本主义社会内部发展起来的，在资本主义的变化过程中包含着共产主义的萌芽。

因此，马克思对资本主义的研究，同时也就是对共产主义的研究。这种辩证的理解资本主义的研究方式，是理解共产主义的唯一科学道路。这种研究方式把资本主义的发展过程理解为是一个孕育着共产主义的"母体"的发展过程，这与唯心主义与空想家的研究方式是完全不同的。所以，马克思对资本主义的批判和否定，是包含肯定的否定，是真正的辩证否定。从这个意义上说，马克思对于资本主义社会进行专门研究而写成的《资本论》，可以被我们当作是研究关于共产主义在资本主义内部辩证产生的理论，来加以理解。

第四章　人类解放何以可能

在马克思看来，自由是人的本性和永恒追求，但在资本主义社会中，个人在资本主义制度的统治和束缚下，处于不自由的状态。因此，马克思对资本主义批判的最终目的，就是要消灭资本主义制度，使个人从资本主义的统治中摆脱出来，获得自由和解放。

马克思认为，资本主义社会自身的发展，是个人获得自由和解放的现实根据。他从两个方面对资本主义的发展趋势进行了分析。一方面，马克思科学地说明资本主义生产作为一种社会生产过程，自身所具有的对抗性矛盾，将会导致资本主义自身的灭亡。另一方面，马克思客观地阐释了资本主义所产生的历史成就，分析了它将会给未来共产主义社会的实现，提供物质等方面的基础和条件。

通过将自己的论证建立在这两个方面，马克思作出推断认为，资本主义生产关系的发展，将会导致"出现彻底的经济革命"，这个革命为一种新的生产方式，即扬弃资本主义生产方式的另一种生产方式创造出现实条件，因而为新的社会形态即共产主义创造出物质基础。

也就是说，正是现实存在的资本主义自身的运动，才使共产主义的产生得以可能。马克思指出，作为一个共产主义者，所要完成的任务就是对这种资本主义自身的发展趋势进行认识和说明。马克思的确也做到了这一点。他通过对资本主义自身发展趋势的分析，揭示了由此所导致的资本主义社会的灭亡。

第一节 资本主义的矛盾及其具体表现与后果

马克思指出，资本作为一种社会生产过程，自身具有一系列的对抗性矛盾。由于这些对抗性矛盾在资本主义内部无法得到解决，因而致使资本主义走向灭亡。在这一系列对抗性矛盾中，社会的基本矛盾——生产力和生产关系的矛盾是最为重要的矛盾。按照马克思的话来说，资本主义社会的生产力和生产关系的矛盾，是炸毁资本主义基础的物质条件。

在资本主义社会中，生产力和生产关系的矛盾，就是资本主义生产方式自身存在的生产的社会化和生产资料私人占有的矛盾。正是在这一矛盾日益加剧的运动中，最终导致资本主义能够被新的、更能适应社会化大生产要求的、更高一级的社会形态所取代。

资本主义的生产方式是在剥夺封建主义社会的小私有制的基础上建立起来的，这从历史的发展角度来看，由于它把分散的生产资料转化为社会积聚的生产资料，把个体劳动转变为社会化劳动，极大地推进了社会生产力的发展，因而是一个巨大的进步。但是随着资本主义生产的发展，资本积累扩大和资本集中加剧，致使两方面的结果出现：一方面，资本主义生产越来越呈现出社会化的趋势；另一方面，生产资料所有权越来越集中到少数大资本家的手中，以致形成垄断资本的统治。这些少数大资本家，凭借对生产资料的垄断，把社会化大生产的成果占为己有，因此，生产的社会化和生产资料资本主义私有制必然构成对抗性的矛盾，结果导致共产主义的产生。

这正如马克思所说，一旦当资本主义生产方式站稳脚跟，劳动进一步社会化，土地和其他生产资料进一步转化为社会使用的即公共使用的生产资料时，对私有者的进一步剥夺就会采取新的形式。这时要剥夺的已经不再是独立经营的劳动者，而是剥削许多工人的资本家了。这种剥夺是通过资本主义生产本身内在规律的作用，即通过资本集中进行的。这种资本的集中，会使一个资本家打倒许多资本家。因此资本的垄断成了与这种垄断一起并在这种垄断之下繁盛起来的生产方式的桎梏。生产资料的集中和劳动的社会化，达到了同它们的资本主义外壳不能相容的地步，这个外壳就要炸毁了，资本主义私有制的丧钟就要敲响了，剥夺者就要被剥夺了。

在生产上，资本主义社会基本矛盾具体表现为，生产的无限扩大趋势和社会购买力相对缩小之间的矛盾，整个社会生产的无政府状态与个别企业生产的有组织状态之间的矛盾。

在资本主义生产过程中，资本具有无限扩张的趋势。这种趋势体现为资本无限度地扩大生产追求剩余价值，使生产超出任何界限的限制。随着资本主义的发展，生产规模在越来越小的程度上取决于对产品的直接需求，而在越来越大的程度上取决于单个资本家支配的资本量，取决于他对资本价值增殖的欲望以及他的生产连续不断地进行和不断扩大的必要性。单个资本家以追求最大限度利润的私人利益为目标，管理着本应按照社会需要进行管理、调节和控制的、已经在社会范围内实现严密分工、协作而社会化的生产过程。同时，竞争作为资本的内在本性，也会驱使资本家的生产超过正确的比例。各个资本家之间的竞争，他们彼此漠不相关和相互独立，促使单个资本家不是把所有资本家企业当中的工人看作是工人，而是把他们看作是消费者，由此就驱使生产超出正确的比例。结果，一个生产部门超出现有的比例，就会促使所有生产部门都在不同的程度上超出这种比例。

进一步来说，资本主义所生产出来的商品数量的多少，取决于这种生产的规模和不断扩大生产规模的需要，而不取决于现实社会中人的实际需求，不取决于有待满足需求的预定范围。现实社会中的再生产不是满足需要，而是生产利润，所以，资本家对于商品的生产，不是按照社会中的实际需要，而是按照生产规模来决定的。

生产的扩张，使资本主义企业生产出的商品数量越来越多。在这种情况下，为了使商品销售出去，市场必须不断扩大。但市场以一种不以生产者意志为转移的自然规律的形式发挥作用。在大量的生产中，对商品的直接购买者除了个别的产业资本家外，只能是商人。

商人是在生产者之间出现的一个阶层，这个阶层只是为卖而买，他们所从事的活动只是以谋取货币为目的。商人的出现，使商品的买和卖取得了在时间和空间上彼此分离的、互不相干的存在形式，商品买卖的直接统一性终止了。生产直接是为了商业，而间接是为了消费，供求关系完全颠倒。在一定的界限内，尽管再生产过程生产出的商品还没有实际进入个人消费或生产消费，然而再生产过程还是可以按相同的或扩大的规模进行。产品只要卖出，在资本主义生产者看来，一切就都正常。由此整个再生产过程虽然可以处在非常繁荣的状态中，但商品的一大部分只是表面上进入消费，实际上是堆积在专卖者的手中没有卖掉，事实上依然滞留在市场上。这时商品一批接一批地大量涌入市场，最后终于发现，以前涌入的商品只是表面上被消费吞没。

这样，当资本主义生产发展到一定阶段后，有限的消费范围和不断扩大的生产之间必然会发生冲突，导致生产过剩的危机。对此，马克思指出，资本主义的生产是一种没有预先决定的生产，而且是没有预先被决定的需要界限所限定的生产。在这种情况下，生产总是突破或超过需要的界限，这就会导致危机的产生和生产过剩，进而必然会发生巨大的紊乱。在定期的经济危机中，资本主义的矛盾暴风雨般地突然爆发出来，越来越威胁到作为社会基础和生产本身基础的资本主义生产关系本身。这是忠告资本主义退位并让位于更高级的社会生产状态的最令人信服的形式。

资本主义的基本矛盾表现在阶级关系上，就是无产阶级和资产阶级的对立。资本主义的生产方式产生了资产阶级和无产阶级两大对立阶级，使阶级对立简单化。资本主义的发展，使整个社会日益分裂为两大敌对的阵营，分裂为两大相互直接对立的阶级：资产阶级和无产阶级。

随着科学技术的进步和生产力的逐渐发展，资本主义的生产不断地社会化，但是由于这种生产是在资本家私人占有生产资料和剥削雇佣工人劳动生产关系的基础上进行的，因此不断社会化的生产力，就成为资本的生产力，成为资本更有效地剥削工人、榨取剩余价值获得利润的手段。这样，少数资本家占有着本来应该归劳动者共同所有的、已经社会化的、由劳动者共同使用的生产资料；他们私人占有和支配由劳动者共同生产的、本应满足社会需要和被劳动者共同占有的社会化产品。并且生产的社会化程度越高，生产资料和劳动产品就越集中在少数资本家手中，同时资本家对工人的剥削、奴役和压迫就越强。这就造成了无产阶级和资产阶级不可避免的矛盾和冲突。

马克思指出，无产阶级反对资产阶级的斗争，是从无产阶级诞生之日起就存在的，并且随着资本主义的发展而逐渐变得强烈和尖锐。随着资本主义的贫困、压迫、奴役、退化和剥削的程度不断加深，日益壮大的、联合和组织起来的工人阶级的反抗也必然不断增长。在马克思看来，这种资产阶级和无产阶级的对立，不过是历史的必然性，它只是从一定的历史基点出发的生产力发展的必然性，但绝不是生产的一种绝对的、而只是一种暂时的必然性。因此，这种矛盾和冲突，使作为资产阶级掘墓人的无产阶级，最终通过革命对资产阶级和资本主义制度进行反抗，即最终通过阶级斗争推翻二者，建立新的社会，实现共产主义。所以，马克思说，资产阶级不仅锻造了置自身于死地的武器，它还产生了将要运用这种武器的人——现代的工人即无产者。

此外，生产和破坏、节约和浪费等矛盾也是资本主义社会基本矛盾的重要表现，这些矛盾在资本主义社会的不同方面都有所显现。

首先，从资本主义的生产过程来看，资本家在生产上精打细算，在生产条件、生产费用和生产资料等方面的使用上实行节约。对利润的疯狂追求和尽可能便宜地生产商品，使在这些方面的节约表现为资本主义生产方式的特点，从而也成为资本家的一项重要使命和任务。资本家狂热地节约生产资料，他们保护设备、节约空间、节约建筑物等，不允许生产资料有丝毫的损失和浪费，力图用最少的支出获得最大的收益。

也就是说，资本家为了获取更多的剩余价值，努力节约生产成本，对生产资料尽可能地节省使用。这些节约包括：让工人挤在一个狭窄的有害健康的场所；把危险的机器塞进同一些场所而不安装安全设备；对于那些按其性质来说有害健康的或有危险的生产过程，不采取任何预防措施，等等。这是因为，从资本家的观点来看，对工人来说能使生产过程合乎人性、舒适或至少可以忍受的设备，是一种完全没有意义的浪费。资本家在生产上除了节约生产资料外，还节约劳动时间，因为资本家购买的劳动力有一定的期限，所以资本家要得到属于他的东西，他不愿意被盗窃。于是资本家小心翼翼地免除工人的一切无用劳动，并且不愿意工人有一分钟因不劳动而白白浪费掉。

这意味着，资本主义生产尽管非常吝啬，但对劳动力的生命和健康却非常浪费。它对工人劳动的浪费，大大超过任何别的生产方式。马克思指出，资本主义的生产，不仅浪费工人的血和肉，而且也浪费神经和大脑。因此，资本主义生产的节约，是包含着浪费的节约。

资本家把浪费工人的生命和健康，压低工人的生存条件，看作是对于生产成本使用上的节约，从而看作是提高利润率的手段。资本家最大的愿望就是让工人尽可能不间断地挥霍他那份生命力。因为从资本家的角度来看，生产资料如果不吮吸劳动，就会闲置在那里给他们造成损失。所以，资本家为了无限度地、贪婪地追逐剩余劳动，他不考虑劳动力的健康和寿命，他唯一关心的是在一定时间内最大限度地使用劳动力。并且这种对于工人生命的浪费程度，随着机器的使用而被大大增强了。机器的使用，导致工人在单位时间内劳动消耗增加，劳动紧张程度提高，即使工人在一定的时间内付出了更多的劳动量和劳动力，工人的劳动被强化了。

劳动力的浪费还体现在：在资本主义社会中，存在着大量的剩余劳动力。这是因为，资本主义生产分工使劳动力片面化，使劳动力成为只是具有操纵局部工具的特定技能的存在。一旦生产由机器来操纵，机器就会立刻变为工人本身的竞争者，工人就会受到机器的排挤找不到工作。工人阶级的一部分由此被转化为过剩人口，这些人一部分由于找不到工作被饿死，另一部分则涌向所有比较容易进去的工业部门，充斥劳动市场，从而使劳动力价格降到它的价值以下。因此，马克思指出，劳动资料扼杀工人，工人受机器排挤被抛到劳动市场，成为剩余劳动力，工人变成过剩的东西，工人阶级被不断地牺牲、劳动力被无限度地浪费。因此，劳动生产力的提高和劳动量的增大是以劳动力本身的破坏和衰退为代价的。这种对劳动力的浪费情况至今仍然严重地存在着。

其次，除了对劳动力的破坏和浪费外，资本主义的生产还造成了对自然环境和物质资源的破坏与浪费。对此，马克思也从多个方面予以了表述。对于废物方面，在利用生产排泄物即工业和农业的废料和消费排泄物即消费品消费以后残留下来的东西这方面，资本主义经济的浪费很大。对于生产资料，由于机器不断被改良，现有机器的使用价值会相对降低，从而降低它们的价值。这个过程，特别是在采用新机器的初期，在机器尚没有达到一定的成熟程度以前，具有强烈的影响。这是因为它在机器还没有来得及再生产出自身的价值以前，就不断变得陈旧了。它们被更新的、生产效率更高的机器排挤掉，这时机器就会发生价值的贬值。当以厂房、机器、设备和工具等劳动资料的形式存在的生产资本，达到一定成熟程度后，至少它们的基本结构在较长时期内保持不变。但由于这些生产资本再生产方法上的改进，类似的贬值现象也会出现。而且资本主义生产越发达，这种厂房、机器、设备和工具等劳动资料的浪费也就越严重。

在马克思看来，这种物质资源的破坏和浪费，在经济危机发生时表现得尤为明显。在危机中，价格普遍下跌，到一定时刻就会同时出现资本的普遍价值的丧失或者说资本的消灭。这具体表现为：在经济危机发生时，资本主义生产机器处于较少被使用或完全不使用的闲置状态，有些甚至还没有来得及使用就被废弃了。在商业危机期间，总是不仅有很大一部分制成的产品被毁灭掉，而且有很大一部分已经造成的生产力被毁灭掉。对此，马克思指出，在危机期间，会发生一种在过去一切时代看来都好像是荒唐现象的社会瘟疫，即生产过剩的瘟疫。社会突然发现自己回到了一时的野蛮状态；仿佛是一次饥荒、一场普遍的毁灭性战争，使社会失去了全部生活资料；仿佛是工业和商业全被毁灭了。

可见，资本自身的不断发展趋势，不可避免地要导致破坏性的后果。而产生这种破坏性后果的原因在于：社会生产力的发展同它现存的生产关系之间不相适应，以尖锐的矛盾、危机和痉挛表现出来。马克思认为，用暴力破坏资本是为了资本的自我保存。即资本的周期性的破坏是为了回复到它能够充分利用自己的生产力而不致自杀的水平。为了追逐更大的利润，资本的创造物必须过时、贬值和毁灭，这是资本积蓄、充实和强化自己力量的源泉，继续存在和扩张的条件，而这种继续存在和扩张又必然会带来更大的贬值和破坏性结果，创造是为了贬值和破坏，贬值和破坏推动创造，扩张——破坏——进一步扩张——更大的破坏，此种充满内在矛盾的恶性循环构成了资本特有的存在和运动方式，它生动体现了资本主义社会生产所内在蕴含的违背常理的、荒谬的逻辑。

总之，资本主义的基本矛盾即生产力和生产关系之间的矛盾，导致资本主义的生产关系在具有无限度地提高生产力趋势的同时，又使生产力受到限制。马克思指出，资本主义生产关系追求剩余价值的本性驱使它不断地发展生产，从而使生产力不断提高，但资本主义生产关系并不是实现生产力进步的最适当的形式，它带有极大的局限性。超过一定点，生产力的发展变成对资本主义生产关系的一种限制；同样，超过一定点，资本主义生产关系也变成对劳动生产力发展的一种限制。一旦达到一定点，资本主义生产关系作为生产力发展的桎梏而被打碎的日子就要到来了。

按照事物发展的内在逻辑和运动规律，资本主义基本矛盾的解决，必然要求实现生产资料的社会共同占有，要求对社会生产进行统一、自觉、合理的调节，要求实行产品的共同占有和合理分配。但由于资本主义制度自身的局限性，这种由资本自身发展所引起的资本主义社会的基本矛盾，在资本主义社会内部无法得到根本的解决。因此，当它发展到一定程度时，就会使资本主义走向自我否定，为更高的社会形式所取代。

第二节　资本主义的发展为人的解放创造前提条件

资本主义的发展趋势还表现为：在资本主义社会的发展中，孕育着向未来共产主义社会过渡的高度发展的物质条件和精神条件。马克思曾把人类社会的发展分为三个阶段或三大社会形式，其中资本主义社会处于第二阶段，他认为在此阶段形成了普遍的社会物质变换、全面的关系、多方面的需要以及全面的能力的社会体系，这就为第三个阶段的共产主义的实现创造了前提条件。所以，马克思看来，在资产阶级社会内部，产生出一些交往关系和生产关系。在这些生产关系和交往关系中，隐蔽地存在着实现共产主义社会所必需的物质生产条件和与之相适应的交往关系。因此，它们同时又是炸毁资本主义这个社会的地雷。

这正如前面我们所说过的，马克思对资本主义的否定，是辩证的否定。他看到资本主义社会在发展过程中所形成的生产方式对人产生束缚和奴役的同时，也看到了这种生产方式在一定历史阶段的合理性和进步性，并把它视为人类社会向更高理想社会迈进的一个阶梯。就此，马克思指出，资本有它文明的一面，这个文明面有利于更高一级社会形态的各种要素的创造。因此，它已经以头脚倒置的形式，为个人的全面发展创造了充分的物质条件。

一、生产力的高度发展

首先，资本主义的发展为共产主义的实现提供了高度发展的生产力。

马克思认为，资本主义造成了普遍的异化，共产主义则是通过对这种普遍的异化的扬弃，使人获得自由和解放的社会。但是，这种普遍的异化的扬弃和人的解放，并不是凭空产生的，它在具备了一定的历史条件之后才能实现。这个历史条件首先就是生产力的高度发展。

生产力的发展，不仅使在资本主义社会内部产生的矛盾和对抗成熟起来，而且也同时使新社会的形成要素和旧社会的变革要素成熟起来。对此，马克思说道，对资本主义的异化的消灭，不是随心所欲的，而只是在具备了两个实际前提之后，才会被消灭。即把人类的大多数变成完全没有财产的人即无产阶级，同时这些人又同现存的有钱的人即资产阶级相对立。而这种情况的出现，是以生产力的巨大增长和高度发展为前提的。所以，人的解放只有在生产力的发展和推动下才能实现。

同样，对于实现人的解放的共产主义革命，马克思也指出，只有资本主义的生产力和生产方式这两个要素相互矛盾的时候，这种革命才有可能。原因在于，无产阶级的工人力量，是随着物质生产力的发展而不断发展的。当二者发展到一定程度的时候，就会通过无产阶级革命即共产主义革命扬弃资本主义社会。

由此可见，生产力的高度发展，对超越资本主义社会，实现未来的共产主义理想社会，具有非常重要的意义。因为，生产力的这种发展，是实现共产主义的必需的实际前提。如果没有生产力的高度发展，那就只会出现普遍的贫困。而在极端贫困的情况下，人们就一定会为争取生活的必需品展开斗争。在这种条件下，全部陈腐的东西又要死灰复燃。生产力的这种发展之所以是实现共产主义的绝对必需的实际前提，还因为：只有随着生产力的这种普遍发展，人们之间的普遍交往才能建立起来。而共产主义，只有以生产力的普遍发展和与此有关的世界交往的普遍发展为前提，才能实现。

那么，为什么在资本主义社会中，生产力会得到高度快速的发展呢？这是由资本主义的生产方式所决定的。在资本社会中，生产力发展，首先是为了剩余价值的创造，它是资本的价值增加或资本的价值增殖的必要条件。因此，资本家为了实现无止境地追求发财致富的欲望，必定会无止境地竭力提高生产力，使生产力得到快速发展。而资本越发展，它创造出的剩余价值越多，它也就必然越要疯狂地发展生产力。在马克思看来，资本力求全面地发展生产力的这种趋势，是资本本身所具有的。并且这种趋势使资本主义的生产方式同以往的一切生产方式区别开来。资本按照自己的这种发展趋势，破坏一切并使之革命化，摧毁一切阻碍发展生产力。所以，发展社会生产力是资本的历史任务和存在理由。资本正是以此为基础，不自觉地为更高级的社会形式的实现，创造着的物质条件。

在《共产党宣言》中，马克思指出了资本主义对历史发展起到的促进作用，高度肯定了资本主义在推动生产力发展方面所取得的辉煌成就。马克思认为，资产阶级，对摧毁封建制度、建立资本主义生产关系，从而打破旧的生产关系对生产力的束缚、促进生产力的高速发展以及社会文明程度的提高，曾经起到过"非常革命的作用"。资产阶级在它不到一百年时间的阶级统治中所创造的生产力，比过去一切时代所创造的全部生产力还要多、还要大。但是，由于资本主义的生产关系在生产力发展到一定程度后，即发展到资本主义所有制关系不能容纳的地步，就会束缚和阻碍生产力的发展，变成生产力发展的桎梏。从而马克思说道，现代资产阶级社会及其他的资产阶级的生产、交换关系与所有制关系，它曾经像魔术一样造成了极其庞大的生产和交换资料，现在它却像一个魔术师那样不能再对付他自己用咒符呼唤出来的魔鬼了。因此，资产阶级锻造了生产力这个置自身于死地的武器。

在《资本论》中，马克思也同样指出：资本家作为剩余价值的狂热追求者，他肆无忌惮地迫使人类为了生产而生产，从而去发展社会生产力，去创造生产的物质条件；而只有这样的条件，才能为一个更高级的、以每一个个人的全面而自由的发展为基本原则的社会形式，提供现实基础。所以，马克思说，资本榨取剩余劳动的方式和条件，同以前的奴隶制、农奴制等形式相比，在生产力的发展、社会关系的发展、高级的新形态的各种要素的创造方面更有利,这是资本的文明面之一。

总之,由于资本主义社会自身的发展而产生的高度发展的生产力,同时又是消灭资本主义社会本身的物质条件。资本主义在它的历史发展中所造成的生产力的发展,在达到一定点以后,就不是促进它自身的发展而是对它自身的消除了。

二、无产阶级的壮大

其次,在生产力发展的基础上,资本主义社会不断地创造出无产阶级以及无产阶级的普遍联系,这为共产主义革命的实现奠定了基础。

马克思认为,从资本主义转变为共产主义,是一个长久得多、艰苦得多、困难得多的过程,因为它是人民群众剥夺少数剥削者即资本家的过程。显然,马克思看到了无产阶级由于与资产阶级存在着不可调和的矛盾而进行斗争,对实现共产主义的重要作用,看到了无产阶级在革命方面所具有的历史主动性。他指出,无产阶级的政治行动、特别是革命行动,对于建立变革资产阶级社会的新社会来说,是一个不可或缺的必要条件。因为暴力是推翻旧社会建立新社会的"助产婆"。

这表明,在历史观方面,马克思并不是像有些人所理解的那样，是一个机械的"经济决定论"者。这些人把马克思的历史观理解为一种纯粹机械的"经济决定论"即宿命论，把人在历史发展过程中的积极能动作用抹杀了。他们认为，马克思把人类历史过程简化为仅仅是由物质生产条件所决定的历史过程。这种观点是不正确的，马克思对于无产阶级斗争和革命的呼吁，正是从社会现实出发对机械的经济决定论的反对。马克思从来都看重人的活动对于改变历史和现状的重要意义，即看重无产阶级行动的作用。为此，他指出了无产阶级产生共产主义意识即"对实行根本革命的必然性的意识"的必要性。他认为，无论是为了使这种共产主义意识普遍地产生还是为了实现事业本身，使人们普遍地发生变化是必需的。由此，马克思说道，掌握历史知识的不是别人，而是奋斗着的被压迫阶级（无产阶级），这一阶级似乎是最后一个被奴役的阶级，它是以历代被蹂躏的名义完成解放任务的复仇者。

马克思在他的一些著作中，都曾阐释过无产阶级存在的意义和价值。如在《〈黑格尔法哲学批判〉导言》中，在探讨德国解放的实际可能性时，就指出过无产阶级的重要作用。他认为德国解放的实际可能性就在于形成一个被彻底地戴上锁链的阶级，这是一个自己遭受普遍苦难而具有普遍性的阶级即无产阶级。这个阶级的主要特征就是要求否定私有财产。在《神圣家族》中，马克思指出，无产者要改变自己非人的现实存在状态，不能依靠"纯粹的思维"，而是必须依靠群众的实践活动来实现，即必须用实际的和具体的方式来消灭它们。在《1844年经济学哲学手稿》中，马克思说道，社会从私有财产和奴役制等中解放出来，是通过工人解放这种政治形式完成的，而且这里不仅涉及工人的解放，因为工人的解放包括全人类的解放。他还指出，现实私有财产的消灭必须通过实际的共产主义行动才能实现。

在马克思看来，无产阶级革命，必须在具备一定客观条件的基础上，才能得以实现。即彻底的社会革命是同经济发展的一定历史条件相联系着的，这些条件是社会革命的前提。因此，只有在工业无产阶级随着资本主义生产的发展，人数日益增多的条件下，社会革命才有可能。

对于无产阶级随着资本的发展和世界历史的发展，进行共产主义革命的可能性，马克思予以了说明。这就是：资本主义社会大工业消灭了各民族的特殊性，创造了一个真正同整个旧世界脱离并对立的阶级——无产阶级。当各个民族的资产阶级还保持着它的特殊利益的时候，大工业却创造出了这样一个阶级，这个阶级在所有的民族中都具有同样的利益，在它那里民族特殊性已经消灭，这是一个真正同整个旧世界脱离而同时又与之对立的阶级。同时，大工业不仅使工人和资本家的关系变为工人不堪忍受的东西，而且使劳动本身变为工人不堪忍受的东西，分工所产生的那个异己的社会物质力量，越来越强大。

马克思认为，共产主义作为解放全人类的事业，它本身不可能是某种地域性的东西，而只能是世界历史性的存在。个人的解放程度与历史转变为世界历史的程度是一致的。原因是：无产阶级只有在世界历史意义上才能存在，就像共产主义——它的事业——只有作为世界历史性的存在才有可能实现一样。世界历史的发展，创造出世界性的无产阶级。由于世界市场的产生，使资本主义的内在矛盾扩展到全世界的所有国家。这种情况的出现，可以产生一切民族中同时都存在着没有财产的群众即无产阶级这一现象，使每一个民族都依赖于其他民族的变革。而关于一切民族都存在的"没有财产的群众"，马克思指出，许许多多的人由于没有生产资料，而只能仅仅依靠自己的劳动为生。对于这些人来说，甚至有限地满足自己的需要的可能性都被剥夺。并且由于竞争，他们总是失去作为有保障的生活来源的工作而陷于绝境。这种状况是以世界市场的存在为前提的。世界市场的发展使全世界形成了大致相同的阶级关系，每一个民族的变革同其他民族的变革都有依存关系，因此共产主义的存在必然是世界历史性的。

马克思还指出，随着资本主义再生产规模的扩大，规模扩大的资本主义关系也被再生产出来。再生产出一极是更多的或更大的资本家，另一极是更多的雇佣工人。这表明，随着资本运动而增大的资本积累的结果就是无产阶级的增加。所以，马克思从资本主义的发展和世界历史的发展中看到了无产阶级革命的希望。

三、人的个性发展的物质条件的创造

再次，在生产力发展的基础上，资本主义社会的发展，还为人的个性的全面发展，提供了物质条件。

在资本主义社会中，从趋势和可能性来看，生产力和社会财富是普遍发展的。而这种普遍发展，为个人的全面发展提供了可能性。也就是说，正是资本主义为获取剩余价值而进行的生产，在使人受到资本主义制度统治的同时，还为人的个性的全面发展打下了坚实的物质基础。这具体表现在以下几个方面：

第一，资本主义的发展，为整个社会和社会的每个成员创造了大量的可以自由支配的时间。马克思认为，可以自由支配的时间，是人的个性得到发展的必不可少的重要条件。而资本的主要使命，就是创造可以自由支配的时间。因为，可以自由支配的时间，是随着资本主义支配生产者生产剩余劳动一同产生的。资本主义生产的规律是创造剩余劳动，即可以自由支配的时间。而从整个社会来说，创造可以自由支配的时间，也就是创造生产科学、艺术等的时间。这就使人的自由和全面发展成为可能。于是，资本主义生产就违背了自己的意志，成了为社会可以自由支配的时间创造条件的工具，使整个社会的劳动时间缩减到不断下降的最低限度，从而为全体社会成员本身的发展腾出时间。

第二，资本主义为生产出更多的剩余价值而对机器的使用，为人的全面发展创造了条件。马克思指出，资本主义生产在使用机器时，完全无意识地使人的劳动、使力量的支出缩减到最低限度。这将有利于劳动的解放，是使劳动获得解放的条件。同时，生产过程中对机器使用的结果是：劳动者由生产过程中的主要承担者，转变为生产过程的监督者和调解者。在这个转变中，会使资本主义社会从事生产的人得到发展。马克思还指出，在大工业生产的条件下，劳动的变换，工人多方面的发展，是社会生产的普遍规律。为适应不断变动的劳动需求，产生了同时具有多种社会职能当作相互交替的活动方式的全面发展的个人，来代替只是承担一种社会局部职能的局部个人。

第三，由资本主义发展而产生的世界历史，促使人成为全面发展的个人。在马克思看来，随着历史转变为世界历史，世界历史性的个人取代了依然处于地方的、笼罩着迷信气氛的状态的狭隘的地域性个人。通过普遍交往，个人与世界历史直接相联系，成为世界历史性的存在。在这种历史条件下，个人能够克服和摆脱狭隘地域性个人的局限，成为全面发展的人。因为每一个人的解放的程度，是与历史完全转变为世界历史的程度一致的。随着历史转变为世界历史，单个人才能摆脱种种民族局限，摆脱种种地域局限，同整个世界的物质生产和精神生产发生实际联系，才能获得利用全球的这种全面的生产能力。

第四，在资本主义生产中所出现的未来教育的萌芽，为塑造人的全面发展提供了方法和途径。关于这一点，马克思指出，从工厂制度中萌发出了未来教育的幼芽，而未来教育对所有已满一定年龄的儿童来说，就是生产劳动同智育和体育相结合。在马克思看来，它不仅是提高社会生产的一种方法，而且同时也是造就全面发展的人的唯一方法。

因此，全面发展的个人，是一定历史条件下即资本主义的产物。对此，马克思指出，人的个性和能力的发展，要达到一定的程度和全面性，是以资本主义的生产为前提的。这种生产在产生出普遍异化的同时，也产生出个人能力的普遍性和全面性。资本主义作为孜孜不倦地追求财富的生产形式，为发展丰富的个性创造出物质要素。这种丰富的个性，在各个方面都是全面的。所以，培养社会的人的一切属性，并且把他作为具有最大的丰富性和联系性的人，即把他作为尽可能完整的和全面的社会产品生产出来，是资本主义生产的一个前提条件。

此外，马克思还指出，随着资本主义的发展出现的股份公司和合作工厂，都是由资本主义生产方式转化为联合生产方式即共产主义生产方式的过渡形式。对此，马克思说道，随着生产规模扩大，个别资本家不可能建立的社会企业即股份公司出现了。股份公司的出现，使资本直接取得了社会资本的形式，而与私人资本和私人企业相对立。这是作为私人财产的资本在资本主义生产方式本身范围内的扬弃。合作工厂扬弃了资本和劳动之间的对立，虽然起初只是在这种情况下被扬弃，即工人作为联合体是他们自己的资本家，也就是说，他们利用生产资料来使他们自己的劳动增殖。但这种合作工厂的出现，表明了在生产力发展到一定阶段后，一种新的生产方式是怎样自然而然地从一种旧的生产方式中发展并形成起来的。因此，股份公司和合作工厂都是资本主义生产方式在自身内的扬弃，是在资本主义社会内部存在的共产主义因素。

总而言之，资本主义社会虽然对人产生了奴役和束缚，但同时它又为共产主义的实现奠定了基础。正是由于上述原因，马克思才写道，尽管在其自发的、野蛮的、资本主义的形式中，也就是在工人为生产过程而存在、不是生产过程为工人而存在的那种形式中，是造成毁灭和奴役的祸根，但在适当的条件下，它必然会反过来转变成人道的发展即共产主义发展的源泉。

第五章　中国共产党对人类解放理论的继承与发展

自中国共产党成立以来，马克思的这种人类解放理论，在中国得到了继承和发展。中国每一代的党和国家领导集体，都以马克思人类解放理论为指导，将它与我国的具体实际情况相结合，在理论和实践上对马克思的人类解放理论展开了孜孜不倦的探索，走出了一条适合中国国情的、有中国特色的人类解放的道路。这为推进人类解放的伟大事业作出了巨大的贡献。

第一节　毛泽东对于人类解放的追求

一、毛泽东追求人类解放的社会历史背景

从大时代背景来说，毛泽东身处于帝国主义和无产阶级革

命的时代条件下。在当时，各个帝国主义国家不仅在经济与政治上对本国人民予以残酷剥削和压迫，同时也对其他国家进行侵略扩张，这就造成了工人阶级的反抗斗争和被压迫民族的反侵略反殖民统治的革命运动。因此，在19世纪末20世纪初，革命与战争便成为时代的主题，争取广大无产阶级劳动人民的解放和各个被侵略民族的解放，成为当时进步阶级与各民族国家重要的历史任务。

从中国当时所处的时代背景来看，当西方资本主义列强在对全世界各个角落展开侵略和掠夺时，中国也未能幸免。自19世纪40年代开始，西方帝国主义列强就用洋枪洋炮强行地打开了中国的大门，中国由此步入了半殖民地半封建社会。中华民族因被帝国主义列强奴役、掠夺和剥削，而陷入水深火热的悲惨状态。

当时的中国人民为了争取自由和解放，开展了各种运动——太平天国运动、洋务运动、戊戌变法、义和团运动、辛亥革命和五四运动，这些运动先后出现，并尝试了农民阶级的均分田、扫清灭洋、地主阶级的改革自救、资产阶级改良派的维新、民族资产阶级的革命等各种救国方案。

但是，这些救亡图存的努力并没有挽救中华民族的命运。相反，在19世纪末20世纪初，随着垄断资本主义的产生和帝国主义扩张的加剧，中华民族的危机变得愈加深重。特别是在与西方国家签署了《中法新约》、《马关条约》、《辛丑条约》等一系列不平等条约后，中国人民的生存状况变得更加恶劣。中国处于风雨飘摇的境地之中。

在这种情况下，推翻帝国主义和封建主义、挽救民族的危亡、实现中国人民的生存与发展，成为一项极其重要而又紧迫的任务。而这个任务，只有通过无产阶级革命才能实现。面对着半殖民地半封建的中国如何实现民族解放这个重大历史问题，毛泽东的人类解放理论应运而生了，它成功地解决了殖民地半殖民地国家如何实现无产阶级解放的新的时代课题。

毛泽东对人类解放的追求，从理论背景来看，就是马克思主义在中国的传播。十月革命的一声炮响，给中国人民送来了马克思主义。在五四运动之后，以李大钊为首的具有初步共产主义思想的知识分子，开始学习并传播马克思主义的思想。这些人希望以马克思主义理论塑造和引导中国的无产阶级，使他们通过无产阶级革命，建立社会主义制度，实现中国的民族独立与民族富强。

陈独秀、李大钊、李达和瞿秋白等中国早期的马克思主义者，为此付出了巨大的努力。他们试图站在马克思主义立场上，来审视中国的现实，寻找实现救亡图存的新出路。这些人积极广泛地传播和阐释马克思主义，较好地对中国民众进行了马克思主义的理论启蒙。他们推崇个人的自由与发展，并认为要想实现个人的自由与发展，就要首先依靠阶级的力量或集体的力量，来实现中华民族的独立。

他们指出，个人的自由与社会秩序是紧密联系在一起的，二者"原本就是须臾不可分的东西"；自由和民主是社会主义的重要精神；实现人的自由发展的根本途径就是对经济关系进行变革，要想得到真正的自由与平等，就要打倒现存的资本主义制度，实现社会主义制度；人民群众是实现社会变革与自身解放的主体力量；要用革命和阶级斗争的方式实现中国人民的解放，等等。

总之，中国早期马克思主义者运用他们所掌握的马克思主义理论，在社会制度、现实途径、主体力量、实现方式等方面，对实现中国人民的解放，进行了初步的思考。他们所提出的观点与主张，为毛泽东探索并最终完成救国救民历史任务，奠定了初步的思想基础。

二、毛泽东关于人的思考

对于人性和人的本质的理解，是解决人的解放问题的理论前提。从古至今，人们对此问题都予以了思考，并得出了不同的观点与看法。在马克思主义看来，人性和人的本质这两个概念，既存在着关联又具有区别。人性是人区别于动物的基本属性。也就是说，人性所指的是人之为人的属性。

人首先是作为一种自然存在物而存在的，因此具有与其他动物相同的自然属性，即吃、喝与繁衍后代等本能。毛泽东继承了这一思想，认为人作为自然物的存在物之一，就要满足自身的自然欲望和物质要求，这是再合理不过的事情了。对此，他曾经指出，吃饭问题是世界上最大的问题，从这个问题出发，就会得出人类应该如何生活的结论，从而想出一个最容易的方法去解决经济问题，而后才能追求每个人的理想。

在大革命时期，毛泽东曾警告资本家，要给工人食物让他们生存下去。在革命战争期间，毛泽东也反复提醒全党，应对经济工作予以重视，发展红色区域的经济，解决群众的吃穿住、柴米油盐、疾病卫生和婚姻问题。延安时期，毛泽东指出，必须给人民以看得见的物质福利，而不能讲一些空话。新中国成立以后，毛泽东更加注重经济建设，他提出的总路线、大跃进、人民公社等，尽管违背了社会的发展规律，但其出发点却是为了满足人民物质生活的需要。

人除了具有自然属性，还具有社会属性和精神属性。社会属性，是指人区别于其他动物的根本特性。也就是说，正是由于人具有社会属性，才使人超越了动物而被称之为人。对此，毛泽东认为，人虽然是从猴子变来的，因此与动物有着亲密关系，但是，人首先是社会的存在物，自然性、动物性等不是人的特性，人的特点、特性、特征就在于人的社会性。因此，人是社会的动物。

在人的社会性中，毛泽东特别强调了人的生产劳动性。他认为，要从历史的发展过程中去把握人性。对此，毛泽东指出，自从人能制造石枪、木棒以从事生产，人才与其他动物区别开来。人的基本特性表现为人是制造工具的动物，人是从事社会生产的动物，人是阶级斗争的动物。

毛泽东还对人的社会关系予以了强调。他指出，人总是在劳动的过程中结成一定的社会关系，因此人不是离群索居的，而是社会当中的一员。并且随着人类社会的不断发展，人性也会随着发生变化。因此，要从社会关系，即人的社会性和人的历史发展中，对于不同时代、不同社会、不同阶级的人来加以区分。

基于人性具有历史性的特点，毛泽东认为，当人类进入阶级社会以后，阶级性成为人的社会性的突出表现。他就此说道，在阶级社会里，就是只有带着阶级性的人性，而没有超阶级的人性，超阶级的人性是不存在的。毛泽东对阶级社会中人的其他人性并没有否定，而是强调在阶级社会里，阶级性是阶级社会中人的社会性的决定性内容，人性的其他方面都会被深深地打上阶级的烙印。

毛泽东探究人的阶级性的最终目的，是为明确谁是我们的敌人，谁是我们的朋友，以便为革命奠定基础。由于在毛泽东看来，人民大众就是特指抗日战争时期的工人、农民、知识分子及其他抗日的阶级、阶层和社会集团。虽然他们的具体利益不尽相同，但在现实社会中，他们都处于被日本帝国主义侵略和压迫的状态，他们是中国革命要动员的一个群体，要用他们的力量来反对、消灭地主资产阶级。所以，他主张重视无产阶级的人性，人民大众的人性。

人的精神属性，是从人的意识、理性、思维、情感、意志等方面来说的。马克思认为，正是由于人的有意识、有目的的活动，才使人和其他动物区别开来。毛泽东对这一观点予以了继承和发展。在他看来，人具有感情、记忆、推理能力，人有高级精神现象，并认为正是由于这种高级精神现象存在，构成了人的主观世界，从而使人具备了不同于动物的主观能动性或自觉能动性，即人具有能动地认识世界和能动地改造世界的能力和特性。

对于人所特有的这种自觉能动性，毛泽东在革命战争年代是重视的。对此，他指出，一切事情都是要人去做的，没有人做，就不可能有成功和胜利，而做就必须充分调动人民的积极性，发挥人民的主观能动性。在革命战争中，他充分调动和发挥人的自觉能动性，创造了我们能够最终赢得战争的可贵的主观条件。

在毛泽东看来，人的自觉能动性的发挥，是会受到客观规律和条件的限制的。尊重客观规律和考虑客观条件，是获得正确有效发挥自觉能动性的前提和基础。如在战争中，他认为，军事家只能在物质条件许可的范围内去争取战争的胜利，军事家活动的舞台是建筑在客观物质条件上面的，凭借着这个舞台，他可以导演出许多有声有色威武雄壮的话剧来。

综上所述，在毛泽东那里，人性包含了人的自然属性、社会属性和精神属性等多个方面。社会性与自觉能动性是人区别于动物的特点和人的基本特性。正是以此为根据，毛泽东提出了要从社会革命和建设等方面促进人的发展。

除了对于人性进行研究，毛泽东还探索了人的价值。对于人的价值，毛泽东非常重视。他认为，人的价值可以从不同的角度来划分。从社会活动领域角度来划分，可以分为功利价值、道德价值和审美价值。从社会层次角度来划分，可以分为个人价值、群体价值和社会价值。从价值角色角度来划分，可以分为目的价值、工具或手段价值等。

在毛泽东看来，人是最可宝贵的，人的价值高于其他一切物的价值。在大革命时期和内战时期中国共产党损失较大的局面下，毛泽东指出，我们还有留下的宝贝，这个宝贝不是金，不是银，然而它比金银还贵重，这个宝贝就是人。在社会主义建设时期，他依然坚持这种看法，认为在共产党的领导下，只要有了人，什么人间奇迹都可以造出来。

对于个人价值与集体价值、社会价值与自我价值，毛泽东展开了具体的探讨。他非常看重人民和集体的价值，认为在群众和集体中，蕴藏着巨大的智慧与力量。群众是物质财富和精神财富的创造者。对此，他说道，社会的财富是工人、农民和劳动知识分子创造的。世界上本来90%的人是工人、农民，我们住的房子，都是他们双手盖起来的，土豪劣绅连个柱子都搬不动。

毛泽东还着重强调知识分子作为人民群众中重要组成部分，对于精神财富创造起到的巨大作用。他说，没有文化的军队是愚蠢的军队，在革命队伍里要是没有知识分子，那也干不成大事业。要形成坚实的力量，就必须把文的战线和武的战线、枪杆子和笔杆子结合起来，枪杆子跟笔杆子结合起来，那么事情都好办了。

毛泽东之所以重视人民群众的集体价值，还有另一个重要的原因。这就是，他认为，人民作为变革社会的决定力量，是世界历史的创造者。他指出，只有人民，才是创造世界历史的动力。

正是由于看到了人民群众的作用，毛泽东才把占中国人口80%以上的农民看成是中国革命的主力军。他反复强调，农民是中国最大的革命派，所谓人民大众，主要的就是农民。中国民主革命的主要力量是农民，不要把农民这两个字忘记了。除了农民，在革命时期，小资产阶级和其他民主人士也属于人民群众；在建设时期，工人、农民、知识分子和一切爱国人士等同样属于人民群众。他还指出，人民和集体的价值高于一切，并提出了密切联系群众的群众路线。

对于一个人价值的大小，毛泽东认为，应根据个人对于促进社会经济发展、思想政治进步、道德提升的程度即对社会进步作出贡献的大小来衡量。毛泽东把判断人的价值标准分为功利标准与伦理标准两种类型。

其中，功利标准又可以分为社会政治标准与经济发展标准两种类型。社会政治标准，是从一个人在特定的历史条件下，为社会进步和人民事业作出贡献的大小来判定的。经济发展标准，是否从有利于生产力发展来判定的，它是衡量个人、团体价值大小的一个重要尺度。

而伦理标准，指的是道德标准。毛泽东认为，无形的美德、高尚的心性品格、责任意识和牺牲精神等，这些崇高的道德思想和行为，对社会进步同样具有重大的价值。他在评价张思德、雷锋、白求恩、刘胡兰时，所使用的就是伦理道德标准。相比较而言，人的道德贡献具有更高的价值。对此，毛泽东说道，一个人之所以有价值，不仅在于他创造了有利于人民生活和社会进步的物质财富，更在于他自觉地意识到自己对于社会的责任和义务，视人民利益高于一切，有为人民服务的责任心、义务感，并积极主动地为社会和他人工作，即具有毫无自私自利之心的精神。

毛泽东指出，人只有通过一定的途径和形式，才能使自己的价值得以实现。人类社会的发展水平和进步程度，决定着人的价值的实现程度。人的价值取向与价值目标，应符合历史发展条件和方向。在人的价值目标确立后，还要进行社会实践活动，这是人的价值实现的根本途径。毛泽东本人正是这样做的，他将自己的一生投入到新民主主义革命、社会主义革命和建设的伟大实践中，成就了人生的巨大价值。

此外，对于人的自由与发展的问题，毛泽东也进行了思考，并以此为基础开展了社会主义的革命与建设。毛泽东是从自由与必然的关系来探索自由的。他认为，自由是对必然的认识和对客观世界的改造。自由的实现是以必然为基础的。人只有在认识必然的基础上，才有自由的活动。

但是，认识必然只是人获得自由的前提，它并不能自动地使自由得以实现。在认识必然的基础上，遵循自然界、人类社会和人自身的发展规律，能动地改造世界，人们才能真正地获得自由。在社会领域中，人如果想要获得自由，就要用社会科学来了解社会，改造社会，进行社会革命。在自然领域中，人如果想要获得自由，就要用自然科学来了解自然，克服自然和改造自然。

三、中国革命及其所实现的人的解放

毛泽东对人的关注和思考的最终目的，是要实现中国人民的解放。在毛泽东时代，中国人民处于帝国主义、封建主义和官僚资本主义的三座大山的压迫之下，没有自由。毛泽东认为，只有革命才能实现中华民族独立和中国人民的解放，因此，要进行中国革命，为自由而战，为独立而战。

我们首先进行的是新民主主义革命，它将中国人民从三座大山的压迫下解放出来。对此，毛泽东指出，在帝国主义、封建主义和资本主义在中国并存的条件下，我们中华民族是不自由、不平等的，受到帝国主义的束缚和压迫，中国人民是不自由、不平等的，受到封建势力的束缚和压迫，民族压迫和封建压迫残酷地束缚着中国人民的个性发展。于是，争取自由与平等，通过革命斗争使中国人民获得自由解放，便成为中国共产党人所肩负的历史重任。

反对帝国主义在中国的统治，追求和争取民族独立与民族解放，是针对当时日本帝国主义的侵略来说的。众所周知，日本帝国主义的入侵给中国人民带来了深重的灾难，因此要打倒日本帝国主义，把全中国人民解放出来。经过八年的抗日战争，中国人民从日本帝国主义侵略下摆脱出来，实现了国家独立。

反对封建专制，是针对当时中国人民所受的几千年的封建制度的禁锢来说的。在这种封建制度下，封建统治者用封建迷信思想对劳动人民进行奴役，农民受到地主阶级的严酷剥削。

反对官僚资本主义，是针对当时官僚资本主义对中国人民的统治来说的。这些官僚资本主义，利用手中掌握的国家政权，来对劳动人民进行残酷的剥削与压榨。对此，毛泽东指出，当时，对于全国各地反对内战、反对饥饿、反对美帝国主义侵略的正义的人民运动，对于工人、农民、学生、市民等争取生存的斗争，蒋介石的方针就是镇压、逮捕和屠杀。对于国内各少数民族，蒋介石的方针就是实施大汉族主义，摧残镇压，无所不至。在一切蒋介石的统治区域，贪污遍地，特务横行，捐税繁重，物价高涨，经济破产，百业萧条，征兵征粮，怨声载道，这样就使全国绝大多数人民，处于水深火热之中。

面对这样的社会状况，毛泽东以他关于人的思考为理论依据，发动和领导了一场波澜壮阔的人的解放运动，即新民主主义革命和社会主义革命。

在毛泽东看来，中国应采用俄国式的方法，即暴力革命的方法（武装斗争的形式），来推翻旧政府，建立新政权，实现中国人民的解放。那么革命的主体力量是谁呢？毛泽东认为，革命战争是群众的战争，只有动员群众才能进行战争，只有依靠群众才能进行战争。这表明，中国的革命主体是人民群众，人民群众只有依靠自己的力量起来斗争，才能获得自身的解放。

在当时，日本帝国主义和中国反革命势力，无论是从经济条件上还是武器装备上来看，都要远远强过中国工农红军。在这种情况下，如果中国革命想要获取胜利，就必须找到自己的优势，与外来侵略势力与国内反动势力抗衡。中国人口4/5的兵和民，就是我们的优势。由此，毛泽东提出兵民是胜利之本的观点。他认为，武器虽然是战争的重要因素，但它并不是决定因素，而人才是决定因素。战争威力的最深厚的根源，存在于民众之中。因此，毛泽东反对单纯的武器决定论，他主张发动人民群众起来进行革命。

发动人民群众不但是必要的，而且也是可能的。因为，在毛泽东看来，中国的无产阶级，除了具备一般无产阶级的基本优点，即与最先进的经济形式相联系，富于组织性、纪律性，没有私人占有的生产资料外，还深受帝国主义、资产阶级和封建势力的压迫，而这些压迫的严重性和残酷性，在世界各民族中都是少见的。因此，他们在革命斗争中，比任何别的阶级都要坚决和彻底，除极少数的工贼之外，整个阶级都是革命的主力军。

对此，毛泽东指出，中国的广大人民群众，尤其是农民，日益贫困化以致大批地破产，他们过着饥寒交迫的、并且是毫无政治权利的生活。中国人民的贫困和不自由程度，是世界所少见的。苦大仇深的农民，作为工人阶级的坚固的同盟军，从中国中部、南部和北部各省起来，其势如暴风骤雨，迅猛异常，无论什么大的力量都将压抑不住，他们将冲破一切束缚他们的罗网，朝着解放的路上迅跑。一切帝国主义、军阀、贪官污吏、土豪劣绅，都将被他们葬入坟墓。所以，工人和农民阶级，是推翻帝国主义和国民党反动派的主要力量。

正是在此条件下，以毛泽东为代表的中国共产党，把马克思主义的阶级斗争理论和暴力革命理论作为理论依据，以农村包围城市，用武装夺取政权，取得了新民主主义革命的胜利，建立了中华人民共和国，实现了民族解放和阶级解放。这是中国人民在实现人的解放的道路上迈出的一大步。

在新民主主义革命取得胜利，使中国人民获得政治解放以后，中国共产党紧接着领导人民进行了社会主义革命，对生产关系和经济制度进行改变，这是实现人的解放的又一个重大举措。

实际上，早在新民主主义革命时期，中国共产党这种对经济关系的变革，就已经开始进行了。在当时，中国共产党制定了一个新民主主义经济纲领。在这个纲领中，提出了节制资本、没收大银行、大工业、大商业归新民主主义的国家所有，使其成为社会主义性质的国营经济；实行平均地权，耕者有其田，没收地主的土地，分配给无地或少地的农民等具有社会主义经济特征的措施。

新中国成立后，以毛泽东为核心的第一代党的领导集体，把马克思的国家理论作为指导思想，建立了人民民主专政的国家政权，并认为人民民主专政，对于胜利了的人民，是一样时刻不可缺少的东西，是一个护身的法宝。同时，在人民民主专政的制度下，毛泽东展开了变革生产关系、建立公有制经济的社会主义革命。我国在三年的时间内基本上完成了对农业、手工业、资本主义工商业的社会主义改造，逐步把生产资料私有制变为生产资料公有制。这使得占中国人口90%以上的广大工人、农民和其他劳动者，第一次成为生产资料的主人。

除了改变经济制度，在新中国成立以后，党中央还提出了塑造社会主义新人的观点。社会主义新人，是指能够满足社会发展对人的各方面要求，适应社会主义建设事业需要的无产阶级革命事业接班人。按照毛泽东的观点，这种社会主义新人，是又红又专的、德智体全面发展的社会多面手。

又红又专，是党对干部队伍建设的要求。在新中国成立之前，毛泽东就对干部队伍建设的问题作出过思考。他指出，指导伟大的革命，要有伟大的党，要有许多最好的干部。这些干部和领袖要懂得马克思列宁主义，有政治远见，有工作能力，富于牺牲精神，能独立解决问题，在困难中不动摇，忠心耿耿地为民族、为阶级、为党而工作。毛泽东还认为，中国共产党是一个在几万万人的大民族中领导伟大革命斗争的党，没有多数才德兼备的领导干部，是不能完成其历史任务的。

新中国成立后，毛泽东对全党的干部提出了又红又专的要求。所谓红，是指政治方向要坚定正确。所谓专，是指业务专业技能要过硬。这用毛泽东本人的话说就是，政治与技术结果就产生共产主义。对此，他说道，政治和业务是对立统一的，政治是主要的，是第一位的，一定要反对不问政治的倾向。但是专搞政治，不懂技术，不懂业务，也不行。我们的同志，不管是搞工业的，搞农业的，搞商业的，还是搞文教的，都要学一点技术和业务。我们各行各业的干部都要努力精通技术和业务，使自己成为内行，又红又专。这就一方面要反对空头政治家，另一方面要反对迷失方向的实际家。要做到政治和经济的统一，政治和技术的统一。光有红还不行，还要懂得业务和技术，光有专也不行，还要有无产阶级的政治立场。毛泽东的这种思想，对于社会主义的建设曾起到过非常重要的作用。

德智体全面发展，这主要是毛泽东对青年学生提出的要求。新中国成立后，毛泽东把青年学生看成是国家的未来与民族的希望，看成是无产阶级革命事业的接班人，因此在他们身上寄予了殷切的期望。他非常重视对青年的培养与教育，并把德育、智育、体育当作是培养社会主义新人的三个基本方面。他指出，应该使受教育者在德育、智育、体育几个方面都得到发展，成为有社会主义觉悟的、有文化的劳动者。

在德育、智育和体育中，对于德育的培养最为重要。毛泽东认为德育能够起到塑造人的灵魂的作用。他要求青年学生学习马克思主义，学习时事政治，具有正确的政治观点，在思想上要有所进步，在政治上要有所进步。

智育是塑造社会主义新人的主要渠道，这是通过教育实现的。毛泽东对青少年学生学习文化知识极其看重，他要求青年学生以学习为主，把学习搞好，把主要精力放在学习上。

毛泽东对体育也非常重视，强调把身体健康放在第一位。他认为，体育是德育和智育的基础，"体育之效，至于强筋骨，因而增知识，因而调感情，因而强意志"。如果身体出现了什么问题，就必然会影响理想的实现和文化知识的学习。因此，他多次提出健康第一，学习第二，身体好、学习好、工作好的看法，建议教育者应该把青少年的体育运动看得比什么都重要。

毛泽东不仅提出了塑造社会主义新人的观点，而且还提出了塑造社会主义新人的现实途径。他以马克思主义的生产劳动与智育和体育相结合的基本原理为理论依据，主张通过教育和劳动、知识和实际相结合的途径，来塑造全面发展的社会主义新人。

总之，毛泽东根据中国当时的社会历史条件，在继承马克思主义对于人的解放追求的理论基础上，创造性地提出了具有解放人、发展人的中国人的解放思想，并对此开展了新民主主义革命和社会主义革命与建设的实践活动。虽然毛泽东在此过程中犯了一些错误，但他仍然为探索中国的自由和解放事业作出了不可磨灭的巨大贡献。

第二节　中国改革开放时期的人类解放的追求

从1978年开始，中国开始实行对内改革、对外开放的政策，开启了改革开放的时代。在这个改革开放时期，中国共产党人在邓小平、江泽民和胡锦涛的领导下，仍旧继续进行着人类解放的活动，并开创了符合我国国情的、有中国社会主义特色的人类解放事业。

一、邓小平对人类解放的追求

邓小平对于人类解放的追求，是在中国社会主义改革开放、建设有中国特色的社会主义的初期展开的。邓小平在中国改革开放的进程中，赋予了人的解放以新的内涵，认为社会主义的任务是实现人的思想解放与经济解放，并探索了人的解放的条件和途径。他通过解放与发展生产力，已经逐步地把人民群众从贫困和落后中解放出来；通过培育"四有"新人，使全民族的综合素质得以提升，把人的自由全面发展又大大向前推进了一步。

首先，邓小平通过对"文化大革命"的反思，提出打破僵化思想、解放思想的观点。他认为，人的思想僵化，会造成人的思想被条条框框所束缚、不从实际出发的本本主义、随风倒的现象等严重危害。因此，要实现四个现代化，就要打破僵化思想，使干部和群众的思想得到解放。

1978年，邓小平恢复党的思想路线，就是从解放思想开始的。所谓解放思想，在邓小平看来，是指在马克思主义指导下，打破习惯势力和主观偏见的束缚，研究新情况，解决新问题。他指出，我们党的十一届三中全会的基本精神是解放思想，独立思考，从自己的实际出发来制定政策，不要固守一成不变的框框。过去我们满脑袋框框，现在需要突破。

对于解放思想的重要性，邓小平从党和国家生死存亡的高度，进行了分析。他说，一个党，一个国家，一个民族，如果一切从本本出发，思想僵化，迷信盛行，那它就不能前进，它的生机就停止了，就要亡党亡国。

在改革开放的过程中，对于解放思想，邓小平进行了反复强调。他认为，我们党的十一届三中全会的基本精神是解放思想，独立思考，从自己的实际出发来制定政策。因为在中国建设社会主义这样的事，马克思的本本上找不出来，列宁的本本上也找不出来。每个国家都有自己的情况，各自的经历也不同，所以要独立思考。不但经济问题如此，政治问题也如此。

在此基础上，邓小平还对社会主义进行了思考。经过十余年的探索，在1992年南巡讲话时，他对于"什么是社会主义"给出了明确回答。邓小平认为，社会主义的本质是解放和发展生产力，消灭剥削，消除两极分化，最终达到共同富裕。

邓小平这一关于社会主义本质特征的论断，体现了人民群众的根本利益。对此，他曾经指出，我们当前最大的政治，就是社会主义现代化建设，因为它代表着人民最大的、最根本的利益。在邓小平看来，不断地提高生产力、提高人民的生活水平、达到共同富裕，是社会主义的最终目标。

而要进行社会主义现代化建设，实现人民群众的根本利益，首要任务就是发展生产力。

邓小平就此曾指出，中国社会主义建设的成果，归根结底要表现在社会生产力的发展上，表现在人民物质文化生活的改善上。他曾多次强调说，搞社会主义，一定要发展生产力，贫穷不是社会主义。社会主义要消灭贫穷，要通过发展生产力来充分显示社会主义的优越性。如果不发展生产力，不提高人民的生活水平，就不符合社会主义的要求。社会主义的任务很多，但根本一条就是发展生产力，在发展生产力的基础上，体现出它与资本主义比较存在的优越性，为实现共产主义创造物质基础。

社会主义是共产主义的初级阶段，共产主义的高级阶段要实行各尽所能、按需分配，这就要求社会生产力高度发展，社会物质财富极大丰富，所以社会主义阶段的最根本任务就是发展生产力，社会主义的优越性归根到底要体现在它的生产力比资本主义发展得更快一些、更高一些，并且在发展生产力的基础上不断改善人民的物质文化生活。

在邓小平看来，在社会主义，发展生产力本身并不是目的，为全体人民谋利益、满足广大人民群众的愿望和要求才是最终目的。社会主义发展生产力，成果是属于人民的。社会主义各项政策和措施，都必须以合乎最广大人民群众的最大利益、为最广大人民群众所拥护为最高标准。社会主义发展社会生产力，是为了使人民的生活逐步得到改善，实现共同富裕。

邓小平认为，社会主义必须坚持两个根本原则，一是公有制占主体，一是共同富裕。其中，共同富裕是体现社会主义本质特征、是社会主义与资本主义不同之处。社会主义最大的优越性，就是共同富裕。社会主义的致富，是全民共同富裕。社会主义的财富属于人民。

邓小平还将实现共同富裕的目标，具体化为社会主义现代化建设分三步走的战略。第一步，实现国民生产总值比1980年翻一番，解决人民的温饱问题；第二步，到20世纪末，使国民生产总值再增长一倍，人民生活达到小康水平；第三步，到下个世纪中叶，人均国民生产总值达到中等发达国家水平，人民生活比较富裕，基本实现现代化。

在十一届三中全会以后，邓小平领导全党，把工作重心转移到了以经济建设为中心的社会主义现代化建设上来，使社会主义的物质文明建设取得了巨大成就。这不仅在不同程度上满足了人民的物质需要、极大地改善了人民的生活状况，而且也使整个社会财富极大增长，加速人民实现小康目标的进程。

据统计，从1977—1999年，我国居民、农民和非农村居民的平均消费水平分别达到7.1%、6.7%和6.4%，各比1953—1978年提高了2.2倍、2.9倍和1.21倍；1978年—2000年，我国农村贫困人口由2.5亿减少到2500万；到2000年，我国绝大多数人口实现温饱，并迈向了小康，这为人的自由全面的发展，奠定了坚实的物质基础。

在进行社会主义物质文明建设的同时，邓小平也强调了社会主义精神文明建设的重要性。他提出，物质文明建设和精神文明建设，两手都要抓，两手都要硬。通过社会主义精神文明建设，培育出"有理想、有文化、有道德、有纪律"的四有新人，为社会主义现代化建设提供精神动力、智力支持和思想保证的功能。

对于人的培养，在"文化大革命"结束、改革开放之初的社会局面发生了巨大变动的时期，邓小平根据现代化建设对于人的素质要求，提出了培育四有新人的思想。他指出，要教育人民成为"四有"人民，教育干部成为"四有"干部。

所谓"四有"就是有理想、有道德、有文化、有纪律。在邓小平看来，在建设具有中国特色的社会主义社会时，一定要坚持发展物质文明和精神文明，坚持五讲四美三热爱，教育全体人民做到有理想、有道德、有文化、有纪律。

邓小平之所以注重培育四有新人，是因为在他看来，精神文明是社会主义现代化建设的重要支撑和保障，而在精神文明建设中，最重要的就是对人的塑造。因此，培养"四有"新人，就成为新时期社会主义精神文明建设的一个根本任务。他指出，建设社会主义的精神文明，最根本的是要使广大人民有共产主义的理想、有道德、有文化、有纪律。

对于这一点，党中央曾在多次会议上提到过。在1986年党的十二届六中全会上，邓小平提出，社会主义精神文明建设的根本任务，是适应社会主义现代化建设的需要，培育有理想、有道德、有文化、有纪律的社会主义公民，提高整个中华民族的思想道德素质和科学文化素质。在1996年党的十四届六中全会上，国家再次颁布了一个专门的文件，来加强社会主义精神文明建设。文件指出："根据党在社会主义初级阶段的历史任务，根据建国以来特别是改革开放以来的历史经验，我国社会主义精神文明建设，必须以马克思列宁主义、毛泽东思想和邓小平建设有中国特色社会主义理论为指导，坚持党的基本路线和基本方针，加强思想道德建设，发展教育科学文化，以科学的理论武装人，以正确的舆论引导人，以高尚的精神塑造人，以优秀的作品鼓舞人，培育有理想、有道德、有文化、有纪律的社会主义公民，提高全民族的思想道德素质和科学文化素质，团结和动员各族人民把我国建设成为富强、民主、文明的社会主义现代化国家。这是精神文明建设总的指导思想，也是精神文明建设总的要求。"

在这之后，党中央又在多次会议中对此予以了强调，认为建设有中国特色社会主义，必须着力提高全民族的思想道德素质和科学文化素质，为经济发展和社会全面进步提供强大的精神动力和智力支持，培育适应社会主义现代化要求的一代又一代有理想、有道德、有文化、有纪律的公民，这是我国文化建设长期而艰巨的任务。

对于有理想、有道德、有文化、有纪律，邓小平作出了说明。

在邓小平看来，一个人，具有坚定的理想和信念，对于国家的发展和建设来说，是非常重要的。他指出，我们这么大一个国家，只有依靠理想和纪律才能团结起来、组织起来。如果没有理想和纪律，我们就会如同旧中国那样像一盘散沙，那么我们的革命和建设是不会取得成功的。

邓小平所说的理想，包括共产主义的远大理想和社会主义现代化的现实理想两个方面。他认为，必须教育我们的后人，要树立共产主义的远大理想。我们过去之所以在非常困难的情况下奋斗出来，战胜千难万险使革命胜利，原因就在于我们有理想，有马克思主义和共产主义的信念。一个人在具有远大理想的同时，还要具有现实理想，把远大理想和现实理想结合在一起，才能在实现现实理想的基础上，最终实现远大理想。

　　道德对于一个社会的存在和发展来说，也能够起到巨大的影响作用。道德通过人的自我约束、社会舆论、风俗习惯等力量，来发挥规范人的行为、维护社会秩序等作用。所以，邓小平强调，社会主义新人，要有道德。要通过加强思想道德建设和良好的社会主义道德风尚，为新时期改革开放和社会主义现代化建设服务。在邓小平看来，有道德就是要坚持社会主义和共产主义的道德，它要求以坚持为人民服务为宗旨，坚持集体主义的原则，要求爱祖国、爱人民、爱科学、爱劳动、爱社会主义。

　　邓小平认为，对于不同的人，要提出不同的道德要求。在鼓励帮助每个人勤奋努力的同时，要承认各个人在成长过程中所表现出来的才能和品德的差异，并且按照这种差异给以区别对待，尽可能使每个人按不同的条件向社会主义和共产主义的总目标前进。

　　对于共产党员和先进分子的言行，要用共产主义的道德来进行规范。全心全意为人民服务、大公无私、毫不利己、专门利人、一不怕苦、二不怕死等等都属于共产主义的道德要求。它的实行，对提高广大人民群众的道德素质和改善社会风气，具有重要的意义。

对于广大群众，必须关心他们的物质利益，而不能只讲牺牲精神。在邓小平看来，对于少数先进分子，可以不讲多劳多得，不重视物质利益。对于广大群众，在一段时间内可以不讲多劳多得，不重视物质利益，但时间久了就不行了。当人们在面对利益冲突时，应该使人们能够做到个人利益服从集体利益，局部利益服从整体利益，暂时利益服从长远利益。

"四有"当中的有文化，指的是具备文化知识。大家都知道，知识很重要——知识就是力量，知识改变命运。对于人的科学文化知识的学习和掌握，邓小平非常重视。他认为，没有科学文化知识，就无法进行社会主义现代化建设。对此，他曾指出，一点外语知识、数理化知识也没有，别说攀登高峰了，就是中峰甚至连低峰也攀登不上去。我们要尽快地培养出一批具有世界第一流水平的科学技术专家，作为我们科学、教育战线的重要任务。只有有了成批的杰出人才，才能带动我们整个中华民族科学文化水平的提高。实现现代化必须依靠知识和人才，没有知识和人才是不可能把现代化建设搞上去的。我们要掌握和发展现代科学文化知识和各行各业的新技术新工艺，要创造比资本主义更高的劳动生产率，把我国建设成为现代化的社会主义强国，并且在上层建筑领域最终战胜资产阶级的影响，就必须培养具有高度科学文化水平的劳动者，必须造就宏大的又红又专的工人阶级知识分子队伍。搞建设，行业非常多，每一项都需要有专门知识，还要不断增加新知识。我们需要建立一支坚持社会主义道路的具有专业知识和能力的干部队伍，而且是一支宏大的队伍。

在邓小平看来，通过文化教育这个途径，能够使人成为有文化的人。他指出，我们要实现现代化，关键是科学技术要能上去。发展科学技术，就要抓教育。教育从小学抓起，一直到中学、大学。教育事业，绝不只是教育部门的事，各个部门都要认真地作为大事来抓，各行各业都要来支持教育事业。一个十亿人口的大国，教育搞上去了，人才资源的巨大优势是任何国家比不了的。有了人才优势，再加上先进的社会主义制度，我们的目标就有把握达到。我们要千方百计，在别的方面忍耐一些，甚至于牺牲一点速度，把教育问题解决好。

在"四有"中，邓小平对于有纪律同样看重。他认为，要搞四个现代化，使中国发展起来，就要有纪律、有秩序地进行建设。中国要发展起来，要实现四化，政治局面不稳定，没有纪律，没有秩序，什么事情都搞不成功。在党政机关、军队、企业、学校和全体人民中，都必须加强纪律教育和法制教育，否则我们就绝不能建设社会主义，也绝不能实现现代化。纪律是统一行动、实现社会主义现代化的重要保证。在我国，遵守纪律的最高标准，是真正维护和坚决执行党的政策，国家的政策。

有理想、有文化、有道德、有纪律这四个方面，是一个不可分割的、相互联系的统一整体。它们共同体现着社会主义现代化建设对于人的素质要求。在"四有"中，崇高的社会主义、共产主义道德，是人生的动力，引导着人生前进的正确方向。高尚的社会主义、共产主义道德，则是崇高理想在道德观和道德行为上的体现；良好的文化素质，是实现崇高理想的必要条件，在一定意义上也是树立崇高理想、培养自觉的纪律性和高尚的道德情操的必要前提；高度自觉的纪律性，则须以崇高理想为思想基础，同时又是实现崇高理想的保证，也是高尚的道德境界的一种具体表现，而纪律性的强弱与文化素质的高低则往往存在着正比关系。因此，四个方面都要落实到促进改革开放和社会主义现代化建设事业的发展中，统一于建设中国特色社会主义的伟大实践。

二、江泽民对人类解放的追求

新世纪伊始，以江泽民为核心的党的第三代领导集体，在中国各方面的发展取得巨大成就的情况下，对于党的七十多年的奋斗历程与基本经验进行了总结，并提出了中国在新世纪的发展任务与方向。

首先，对于如何建党、建什么样的党的这个重大问题，江泽民进行了思考，确立了"三个代表"的重要思想。"三个代表"重要思想，是我们党的立党之本、执政之基、力量之源。

江泽民指出，总结我们党七十多年的历史，可以得出一个重要的结论，这就是，我们党所以赢得人民的拥护，是因为我们党作为工人阶级先锋队，在革命、建设、改革的各个历史时期，总是代表着中国先进社会生产力的发展要求，代表着中国先进文化的前进方向，代表着最广大人民的根本利益，并通过制定正确的路线、方针、政策，为实现国家和人民的根本利益而不懈奋斗。

"三个代表"，第一个代表就是代表先进生产力的发展要求，第二个代表就是代表先进文化的前进方向，第三个代表就是代表最广大人民的根本利益。"三个代表"重要思想，是根据当前我国的实际国情和中国共产党所肩负历史使命出发，提出来的。发展先进的生产力、发展先进文化、实现最广大人民的根本利益，是为了实现每个人自由而全面的发展，这是"三个代表"重要思想提出的最终目的。

这正是以"三个代表"重要思想为指导，从人的全面发展的角度，对马克思主义的人的解放理论，予以了继承与发展。

人的全面发展的问题，是江泽民一直关注和思考的重要问题。他从多个方面，对于人的全面发展，进行了阐述。江泽民认为，促进人的全面发展，这是建设社会主义新社会的本质要求。对此，江泽民《在庆祝中国共产党成立八十周年大会上的讲话》中指出，我们建设有中国特色社会主义的各项事业，我们进行的一切工作，既要着眼于人民现实的物质文化生活需要，同时又要着眼于促进人民素质的提高，也就是要努力促进人的全面发展。这是马克思主义关于建设社会主义新社会的本质要求。

上述观点，把促进人的全面发展，看作是建设社会主义新社会的本质要求。提出人的全面发展是社会主义现代化建设的目标，将人的全面发展，与建设中国特色社会主义结合在一起，为我国现阶段的社会主义现代化建设，指明了方向。

在江泽民看来，人的全面发展，是与社会的发展紧密联系在一起的。江泽民在2001年"七一"讲话中指出，推进人的全面发展，同推进经济、文化的发展和改善人民物质文化生活，是互为前提和基础的。人越全面发展，社会的物质文化财富就会创造得越多，人民的生活就越能得到改善，而物质文化条件越充分，就越能推进人的全面发展。社会生产力和经济文化的发展水平，是逐步提高、永无止境的历史过程，人的全面发展程度，也是逐步提高、永无止境的历史过程。在这里，江泽民指出，人自身的发展，与社会经济文化发展，是同等重要的事情，并认为它们作为两个历史过程，是相互结合、相互促进的。

江泽民还指出，人的发展与社会的发展，是互为前提和基础的。他说，社会主义社会，是全面发展、全面进步的社会。社会主义现代化事业，是物质文明和精神文明相辅相成、协调发展的事业。因此，没有人的全面发展，就不可能有社会的全面发展。同时，人的全面发展，也只有在全面发展的社会中，才能实现。推进人的全面发展，同推进经济、文化的发展和改善人民物质文化生活，是互为前提和基础的。人发展得越全面，社会的物质文化财富就创造得越多，人民的生活就越能得到改善，而物质文化条件越充分，就越能推进人的全面发展。所以，社会发展是促成人的全面发展的必要的前提和基础，同时，人的全面发展又为社会发展提供强大的动力。因此，要全面推进改革开放和现代化建设，必须努力促进人的全面发展。

人民素质的提高，是人的全面发展的实质内容。对此，在2001年的"七一"讲话中，江泽民指出，我们建设有中国特色社会主义的各项事业，我们进行的一切工作，既要着眼于人民现实的物质文化生活需要，同时又要着眼于促进人民素质的提高，也就是要努力促进人的全面发展。

这一论述表明，人民是全面发展的主体，素质的提高是全民发展的内容。具体来说，江泽民这里所说的人，包括了全部社会成员，即包括工人、农民、知识分子和其他劳动群众等在内的全体人民群众。对此，江泽民说道，在社会主义条件下，要促进人的全面发展，就要不断提高工人、农民、知识分子和其他劳动群众以及全体人民的思想道德素质和科学文化素质，不断提高他们的劳动技能和创造才能，充分发挥他们的积极性、主动性、创造性，使人民群众不断获得切实的经济、政治、文化利益。

而人民素质的提高，是指包括思想道德素质、科学文化素质和身体健康素质等各种素质在内的人的综合素质的提高。江泽民曾明确指出，为了挑起振兴中华的重担，20世纪90年代的大学生应该有崇高的理想，有正确的世界观和人生观，有献身精神，有丰富的知识和真才实学，有脚踏实地的工作作风，有高度的纪律修养和高尚的道德风尚，有坚强的意志和健康的体魄。

江泽民认为，开展物质文明、精神文明和政治文明的"三个文明的建设"，是促进人的全面发展的途径。要想促进人的全面发展，首先必须开展社会主义物质文明的建设。江泽民非常重视物质文明的建设，认为只有建设社会主义物质文明，大力发展生产力，才能为促进人的发展创造条件。他指出，要始终抓住经济建设这个中心，解放和发展生产力，抓住时机发展自己，发展才是硬道理。

江泽民不仅看重社会主义物质文明建设对于促进人的全面发展起到的重要作用，而且也同样看重社会主义精神文明建设对于促进人的全面发展起到的重要作用。因此，他强调，我们要在发展社会主义社会物质文明和精神文明的基础上，不断推进人的全面发展。所以，要两手抓、两手都要硬，社会主义物质文明和精神文明建设都要搞好。并且，他认为，只有把精神文明建设抓好，才能为人的全面发展创造良好的精神文化条件。他提出，要加强思想政治工作，培养有理想、有道德、有文化、有纪律的新人；要加强有说服力的思想政治工作，发展教育科技事业，繁荣社会主义文化，使人人都有受教育的机会和享受文化成果的充分权利，使人们的精神世界更加充实、文化生活更加丰富多彩。

同时，要促进人的全面发展，还必须开展社会主义政治文明的建设。我国的社会主义政治文明，是建立在公有制基础上的，是对以往政治文明的扬弃和质的飞跃，因此是一种更高类型的政治文明。在江泽民看来，建设社会主义政治文明，是尊重人的个性发展和人权的重要措施，也是保证人在社会政治领域提高政治素质，发挥政治参与、政治主动性的具体表现，它标志着人的自由全面发展的实际尺度。因此，要促进人的全面发展，就必须加强社会主义政治文明建设。

三、胡锦涛对人类解放的追求

在21世纪初，根据时代发展变化的特征，以胡锦涛为首的新一代党的领导集体，提出了"以人为本"的科学发展观思想，这是马克思主义的人类解放理论在中国的又一次重大发展。

关于"以人为本",在中国和西方很早就有人对此进行了思考并提出了自己的观点。

在中国古代社会,主要强调的是一种"民本"的思想。这种思想,看到了百姓对于促进社会发展与维护和巩固统治者统治的重要作用。人们认为,暴君桀纣之所以失去了天下,就是因为他们失去了民心;君主如同船舟,百姓如同水,百姓能支持君主,也能推翻君主;得民心者得天下,失民心者失天下,等等。这些都是对人民巨大力量的肯定,它使民本思想成为古代君主治国理政的理论基础。

但是,这种民本思想的提出,实质上是为了维护封建统治者的统治地位。它把人民仅仅只是视为维护统治者阶级统治的手段和工具,而不是真正意义上的人。对此,毛泽东曾指出,不论是中国还是外国,古代还是现在,剥削阶级的生活离不开老百姓。他们讲爱民,是为了剥削,为了从老百姓身上榨取东西,这同喂牛差不多。喂牛做什么?除了耕田之外,还有一种用场,就是能挤奶。剥削阶级的爱民,同爱牛差不多。因此,中国古代的民本思想,仅仅是为了加强对人民的控制、维护封建统治的需要而产生和发展的。这种民本思想,属于封建统治阶级的意识形态与封建统治阶级的政治学说。

在西方，从古希腊开始，人们就强调一种人本主义思想。这种思想理论，提倡自由、民主、博爱，主张人人自由平等，弘扬人的主体性，尊重人的尊严和价值，呼吁人按照自己的本性去追求幸福。西方的人本主义思想，虽然在反对宗教神学和封建专制对于人的束缚和压制方面，起到了积极作用，但是由于时代性和阶级性的原因，它也具有很大的局限性。

实质上，西方人本主义是与资本主义紧密联系在一起的。它是资本主义产生与发展历史条件下的产物，它要为资本主义产生与发展服务。因此，人本主义所看重的，是资产阶级的利益，满足的是资产阶级的需要和要求，并不能实现资本主义社会中所有人的平等、自由与发展。这正如马克思所分析的那样，在资本主义社会中，工人或无产阶级是深受资产阶级压迫的阶级，他们处于被奴役的、不自由的不幸生存境遇中。

而胡锦涛提出的"以人为本"的思想，与中国古代社会的民本思想和西方的人本主义思想，有着本质的区别，它是以马克思主义理论为基础，根据新的时代精神确立起来的治国理念。

在十六届三中全会上，胡锦涛提出了"以人文本，全面协调可持续发展"的科学发展观这一理念。后来，他又在十七大的报告中，进一步明确提出，科学发展观，第一要义是发展，核心是以人为本，基本要求是全面协调可持续，根本方法是统筹兼顾。胡锦涛认为，全心全意为人民服务，是党的根本宗旨。我们党的奋斗目标和工作目标，就是为了造福人民，要把实现好、维护好、发展好最广大人民的根本利益，作为党和国家的出发点和落脚点。尊重人民群众，发展人民群众，保障人民群众，使人民群众实现共同富裕，促进人的全面发展。要做到发展为了人民群众、发展依靠人民群众、发展成果由人民群众共享。

从报告中可以看出，"以人为本"，主要是讲发展的问题。党中央在十六届三中全会《决定》中明确指出，坚持以人为本，树立全面、协调、可持续发展观，促进经济社会和人的全面发展。这一观点，是对马克思主义人的全面发展理论的继承、丰富和发展。

胡锦涛根据中国的现实发展情况，提出"以人为本"的近期目标，即实现人的全面发展。对此，他曾多次指出，坚持以人为本，就是要以实现人的全面发展为目标。要始终把最广大人民的根本利益作为党和国家工作的根本出发点和落脚点，在经济发展的基础上不断满足人民群众日益增长的物质文化需要，促进人的全面发展。不断推进人的全面发展，坚持以人为本，最终是为了实现人的全面发展。

在胡锦涛看来，所谓发展，是指人的全面发展。只有经济的发展和社会的发展，而没有人的发展，不能被称之为全面的发展。因此，胡锦涛指出，要以解决人民群众最关心、最直接、最现实的利益问题为重点，着力发展社会事业、促进社会公平正义、建设和谐文化、完善社会管理、增强社会创造活力，走共同富裕道路，推动社会建设与经济建设、政治建设、文化建设协调发展。

胡锦涛还曾多次强调，党的一切奋斗和工作，都是为了造福人民。群众利益无小事。要从解决人民群众最关心、最直接、最现实的利益问题入手，为群众办好事、实事。这是坚持以人为本的必然要求，也是坚持发展为了人民、发展依靠人民、发展成果由人民共享的必然要求。

2002年10月，胡锦涛在西柏坡学习考察期间提出，各级领导干部要坚持深入基层，把人民群众的安危冷暖挂在心上，做到权为民所用，情为民所系，利为民所谋。胡锦涛认为，要做到权为民所用，就必须正确看待手中的权力，始终以党和人民的事业为重，为人民掌好权、用好权，用人民赋予的权力服务于人民、造福于人民，绝不以权谋私。要做到情为民所系，就要重视群众的利益，凡是涉及群众切身利益和实际困难的事情，再小也要竭尽全力去办，想人民之所想，急人民之所急。要做到利为民所谋，就必须时刻把人民群众利益放在首位。坚持一切为了群众，一切依靠群众，立志为人民群众做实事、做好事、绝不与民争利。

胡锦涛认为，只有不断解放和发展生产力，增强国家的经济实力，才能为建设中国特色社会主义文化和实现人民群众的根本利益，提供雄厚的物质基础。各级领导干部，都要牢记群众利益无小事这个道理，始终把群众利益放在第一位，自觉增强为人民服务的意识，从人民群众最现实、最关心、最直接的问题入手，通过发展经济，不断让人民群众得到实实在在的利益。社会建设与人民幸福安康息息相关。必须在经济发展的基础上，更加注重社会建设，着力保障和改善民生，推进社会体制改革，扩大公共服务，完善社会管理，促进社会公平正义，努力使全体人民学有所教、劳有所得、病有所医、老有所养、住有所居，推动建设和谐社会。

胡锦涛指出，我们提出以人为本的根本含义，就是坚持全心全意为人民服务，立党为公，执政为民，始终把最广大人民的根本利益，作为党和国家工作的根本出发点和落脚点。坚持尊重社会发展规律与尊重人民历史主体地位的一致性，坚持为崇高理想奋斗与为最广大人民利益的一致性，坚持发展为了人民、发展依靠人民、发展成果由人民共享。"以人为本"的思想的提出，鲜明地体现了我们党全心全意为人民服务的根本宗旨，体现出我们党推动社会经济发展的根本目的。

第三节 当代中国"人类解放追求"的实现程度与憧憬

通过中国共产党人几十年的不懈努力，中国人民走上了一条自强不息的发展道路，并取得了巨大的成就，从而使当代中国人类解放的追求得到了很大程度的实现。主要可以从经济和政治两个方面来看：

第一， 我国的经济得到繁荣发展。

首先，我国的生产力高度增长，国民生产总值快速增长。1949年，我们的社会总产值是557亿元，而到2009年，国内生产总值已经超过33万亿元，是1949年的602.1倍。据国家统计局统计，1978年我国的国内生产总值仅为3645亿美元，在世界主要国家中排名第十，而到了2008年，我们落后于美国和日本位居第三。1978年，我国的人均国民总收入为190美元，属于世界最不发达国家的低收入行列，2008年，人均国民生产总值达到了3000多美元。1979—2008年，国内生产总值年均增长率为9.8%，远远超出同期世界年平均增长3%的发展水平。经过几十年的发展，我国已经由一个比较贫困落后的国家，发展成为人民生活水平显著提高，逐步实现全面小康社会的国家。

其次，我国由纯农业国家转变为工业农业国家。建国初期，农业生产在我国占主导地位，而工业生产则非常少。在国内生产总值中，农业、手工业占90%，工业占12.6%。在全部劳动力中，工业劳动力占6.7%，农业劳动力占93.3%。现在我国则建立起相对完整的现代工业体系，工业行业齐全，产品种类丰富多样，基本技术装备完善。虽然与发达工业国家比较，我国的工业现代化整体水平还相对落后，但已经为工业现代化的发展奠定了较为牢固的基础。在农业发展上，我们也正在由传统农业转向现代化农业。农业生产结构由以主要种粮食为主转向多种经营、全面发展。

再次，人民生活水平得到大幅度提升。建国前夕，我国城镇居民人均收入不到100元，农民人均收入不到50元，80%的人口没有实现温饱。2009年，城镇居民人均可支配收入达到17000余元，农村居民人均纯收入达到5000余元。同时，我国贫困人口的数量大幅度减少，从1978年至2008年的30年中，农村贫困人口减少了2亿多人。

第二，我国政治取得了巨大成就。

在外交方面，新中国的外交，始终奉行独立自主的外交政策。在外交理论上，我们提出了和平共处五项原则和三个世界划分的战略思想。在外交实践上，从"一边倒"的倾向发展到走向"一大片"的格局。到1992年，中国已同世界上150多个国家建立了外交关系。在国际舞台上，中国已成为举足轻重的力量，与内政、外交相关联的港澳问题也得到顺利解决。

在制度方面，几十年以来，人民代表大会制度不断健全，人大代表自身的履职水平也在不断提高。中国共产党领导的多党合作和政治协商制度，在中国政治生活中发挥着越来越重要的作用。村民自治使村民民主管理基层事务，使广大农民实现了民主选举、民主决策、民主管理和民主监督，开创了农村基层民主政治的新局面。

在治国方面，广大人民群众在党的领导下，依法治国，即依照宪法和法律规定，通过各种途径和形式管理国家事务，管理经济文化事业，管理社会事务，保证国家各项工作都依法进行，逐步实现社会主义民主的制度化、规范化、程序化。依法治国使社会文明得到进步，使国家有了长治久安的重要保障。

总之，经过几十年的发展，中国逐渐繁荣强大，人民日益安居乐业，使中国共产党对人类解放的追求又前进了一大步。

同时，中国人民对未来人类解放的彻底实现也充满了美好的憧憬。这个美好的憧憬就是"中国梦"。

2012年11月29日，中共中央总书记习近平，第一次提出了"中国梦"的构想。他说，大家都在讨论"中国梦"。他认为，实现中华民族伟大复兴，就是中华民族近代以来最伟大的梦想。他还指出，到中国共产党成立100年时全面建成小康社会的目标一定能实现，到新中国成立100年时建成富强民主文明和谐的社会主义现代化国家的目标一定能实现，把我国建成富强、民主、文明、和谐的社会主义现代化国家的目标一定会实现，中华民族伟大复兴的梦想一定能实现。

2013年3月17日，习近平总书记在十二届全国人大一次会议闭幕会上，向全国人大代表发表自己的就任宣言。在将近

25分钟的讲话中,习近平9次提及"中国梦"。他说,实现中华民族伟大复兴的"中国梦",就是要实现国家富强、民族振兴、人民幸福。"中国梦"是民族的梦,也是每个中国人的梦,它梦归根到底是人民的梦。人类解放的追求,会因为梦想变得飞扬热烈,因为梦想变得无比厚重。承载亿万人民的梦想和重托,人类解放的追求终将会彻底实现!